CUBA Y LA GUERRA DE INDEPENDENCIA DE GUINEA-BISSAU Y CABO VERDE

ENTRE LOS TÍTULOS DE ESTA SERIE

EDITADOS Y CON INTRODUCCIONES POR MARY-ALICE WATERS

La revolución y el camino a la paz en Colombia
Fidel Castro (2025)

Che Guevara sobre economía y política en la transición al socialismo
Carlos Tablada (2024, 1997)

Nuestra historia aún se está escribiendo
Armando Choy, Gustavo Chui, Moisés Sío Wong (2017, 2005)

Cuba y Angola: La guerra por la libertad
Harry Villegas (2017)

"Son los pobres quienes enfrentan el salvajismo del sistema de 'justicia' en EE.UU."
Los Cinco Cubanos hablan sobre su vida en la clase trabajadora norteamericana (2016)

Las mujeres en Cuba: Haciendo una revolución dentro de la revolución
Vilma Espín, Asela de los Santos, Yolanda Ferrer (2012)

El capitalismo y la transformación de África
Mary-Alice Waters, Martín Koppel (2009)

Cuba y la revolución norteamericana que viene
Jack Barnes (2007)

La Primera y Segunda Declaración de La Habana
(2007)

Marianas en combate
Teté Puebla (2003)

De la sierra del Escambray al Congo
Víctor Dreke (2002)

October 1962: The 'Missile' Crisis as Seen from Cuba
Tomás Diez Acosta (2002)

Playa Girón/Bahía de Cochinos
Fidel Castro, José Ramón Fernández (2001)

Che Guevara habla a la juventud
(2000)

Haciendo historia
Entrevistas con cuatro generales cubanos (1999)

¡Qué lejos hemos llegado los esclavos!
Nelson Mandela, Fidel Castro (1991)

Cuba y la guerra de independencia de Guinea-Bissau y Cabo Verde

LA CAÍDA DEL ÚLTIMO IMPERIO COLONIAL EN ÁFRICA

VÍCTOR DREKE CRUZ
COMANDANTE "MOJA"

Pathfinder
NUEVA YORK LONDRES MONTREAL SYDNEY

Editado por Martín Koppel y Mary-Alice Waters

ISBN 978-1-60488-215-5
Número de Control de la Biblioteca del Congreso
(Library of Congress Control Number): 2025948629
Impreso y hecho en Estados Unidos de América
Manufactured in the United States of America

Primera impresión, 2025

DISEÑO DE LA PORTADA: Toni Gorton

FOTOS DE LA PORTADA:

ARRIBA: Sierra del Escambray, Cuba, enero de 1966. Amílcar Cabral, dirigente del Partido Africano por la Independencia de Guinea y Cabo Verde (PAIGC), con Fidel Castro. Después de que ambos participaron en la Conferencia Tricontinental en La Habana, Castro llevó a Cabral a esa zona rural por tres días, mostrándole cómo la Revolución Cubana la estaba transformando. Conversaron sobre cómo el gobierno cubano podía apoyar la guerra de liberación en Guinea-Bissau y Cabo Verde contra el coloniaje portugués.

ABAJO: Combatientes cubanos y del PAIGC en base guerrillera de Sambuia, Guinea-Bissau. Fila de atrás: Joaquim Furtado, comandante del PAIGC (con fusil); Alfonso Pérez Morales, "Pina", (segundo de la izquierda), jefe de los internacionalistas cubanos en el Frente Norte. (*Cortesía de Alfonso Pérez Morales*)

CONTRAPORTADA: Amílcar Cabral (izquierda) y Víctor Dreke, Conakry, Guinea, 1967. (*Cortesía de Víctor Dreke*)

PATHFINDER
pathfinderpress.com
Email: pathfinder@pathfinderpress.com

TABLA DE MATERIAS

MAPAS

FOTOS

RECUADROS

VÍCTOR DREKE CRUZ

POR MÁS DE SEIS DÉCADAS, Víctor Emilio Dreke Cruz ha sido protagonista y dirigente del movimiento revolucionario cubano dirigido por Fidel Castro. Fue combatiente en la guerra revolucionaria que en enero de 1959 derrocó a la dictadura de Fulgencio Batista respaldada por el gobierno norteamericano. Posteriormente ayudó a dirigir las batallas que derrotaron a las bandas contrarrevolucionarias apoyadas por Washington en la sierra del Escambray, y fue combatiente internacionalista en el Congo y Guinea-Bissau. Ha asumido muchas otras responsabilidades de liderazgo en el gobierno, las fuerzas armadas y el Partido Comunista de Cuba.

Dreke nació en 1937 en Sagua la Grande, antigua provincia de Las Villas (hoy Villa Clara). Inició su actividad revolucionaria a los 15 años cuando se sumó a protestas callejeras en marzo de 1952 contra el golpe militar de Batista. En 1954 Dreke se incorporó al Movimiento Juvenil de la Federación Regional Obrera Número 3 en Sagua, desempeñándose como secretario estudiantil. Fue presidente de la Asociación de Estudiantes en su escuela secundaria y miembro del Comité de Solidaridad con Guatemala, el cual protestó contra el golpe militar organizado por Washington que derrocó al gobierno de Jacobo Arbenz en 1954.

En 1955 Dreke apoyó activamente una huelga de 200 mil obreros azucareros en la provincia de Las Villas; los huelguistas y sus simpatizantes prácticamente tomaron Sagua y otros pueblos. Se incorporó al Movimiento 26 de Julio, dirigido por Fidel Castro, poco después de que la organización se fundara en junio de 1955, y fue jefe de una célula de acción y sabotaje en Sagua. En mayo de 1957 dirigió una huelga estudiantil contra la dictadura batistiana.

Después de que el Directorio Revolucionario, organización de base estudiantil, asaltó el Palacio Presidencial en La Habana el 13 de marzo de 1957, Dreke ayudó a fundar un grupo en Sagua llamado Movimiento 13 de Marzo, que abarcaba a estudiantes, trabajadores y colaboradores del Movimiento 26 de Julio. A finales de 1957 pasó a la clandestinidad ante la represión desatada por la dictadura.

A principios de 1958 Dreke subió al Escambray, en la zona central de Cuba, donde se integró a un frente guerrillero iniciado por el Directorio Revolucionario. En octubre de 1958 estas fuerzas pasaron al mando de la columna del Ejército Rebelde encabezada por Ernesto Che Guevara. Desde finales de 1956 el Ejército Rebelde, bajo el mando de Fidel Castro, había estado dirigiendo al Movimiento 26 de Julio y la guerra revolucionaria contra la tiranía batistiana desde la Sierra Maestra en el oriente del país.

Dreke participó en numerosas batallas, entre ellas la toma de los pueblos de Báez y Manicaragua, y fue herido en combate en Placetas. En la decisiva batalla de la ciudad de Santa Clara a finales de diciembre de 1958, fue segundo jefe del comando "Ramón Pando Ferrer", que tomó un cuartel de la Gardia Rural de la dictadura. Terminó la guerra con el grado de capitán del Ejército Rebelde.

Después del triunfo revolucionario en enero de 1959, Dreke asumió numerosas responsabilidades, entre otras, como fiscal en los tribunales revolucionarios que llevaron a juicio a muchos de los torturadores y asesinos del régimen de Batista.

En abril de 1961, dirigió dos compañías de las Milicias Nacionales Revolucionarias en la batalla de Playa Girón, donde fue derrotada la invasión mercenaria organizada por Washington en Bahía de Cochinos. Fue herido en combate. En 1962 fue ascendido al grado de comandante.

En 1962 se crearon unidades especiales conocidas como Lucha Contra Bandidos para derrotar a decenas de bandas contrarrevolucionarias. Los bandidos, basados en las zonas montañosas, aterrorizaban a familias campesinas para tratar de reimponer un gobierno subordinado a Washington y a los latifundistas y capitalistas norteamericanos y cubanos. Dreke fue segundo jefe de LCB en el Ejército Central y encabezó sus operaciones en el Escambray, donde se concentraban los bandidos. Dirigió las unidades que a mediados de 1965 ya habían liquidado o capturado a casi todas las bandas.

De abril a noviembre de 1965, Dreke fue el segundo jefe, bajo el mando de Che Guevara, de los combatientes internacionalistas cubanos en el Congo, país que se había independizado de Bélgica en 1960. Los voluntarios cubanos fueron allí a solicitud de los dirigentes del movimiento congolés de liberación nacional, seguidores de Patricio Lumumba, el líder independentista congolés asesinado en 1961. Los cubanos ayudaron a entrenar a fuerzas que combatían a las tropas proimperialistas y mercenarias en ese país. En el Congo, Guevara le puso a Dreke el nombre de guerra *Moja* ("Uno" en swahili). En África es el nombre por el cual ha sido conocido desde entonces.

Tras su regreso a Cuba, fue jefe de la Unidad Militar 1546 del Ministerio del Interior, que entrenaba a combatientes voluntarios internacionalistas para apoyar luchas de liberación nacional en otros países. En 1967–68 regresó a África para encabezar la misión militar cubana en Guinea-Bissau y la vecina Guinea-Conakry. En esa época Guinea-Bissau luchaba para independizarse de Portugal: el tema del relato testimonial que aparece en estas páginas.

Dreke lideró el grupo de instructores militares cubanos que combatían al lado de los guerrilleros del Partido Africano por la Independencia de Guinea y Cabo Verde (PAIGC). También dirigió a los voluntarios cubanos que entrenaban a las recién formadas milicias en la República de Guinea (también conocida como Guinea-Conakry) para defender ese país de amenazas imperialistas. Guinea-Conakry servía de base de retaguardia para el PAIGC.

En 1986–89 Dreke regresó a Guinea-Bissau, esta vez como asesor para las fuerzas armadas de esa nación ya independiente.

De 1965 a 1975 Dreke fue miembro del Comité Central del Partido Comunista de Cuba. En 1969 se desempeñó como jefe de la Dirección Política del Ministerio de las Fuerzas Armadas Revolucionarias. En 1973 fue nombrado jefe en la provincia de Oriente del recién creado Ejército Juvenil del Trabajo. El EJT, compuesto de jóvenes reclutas del ejército, trabajaba en el agro, asumiendo algunos de los proyectos de desarrollo agropecuario más difíciles.

Dreke se graduó en 1972 de la Academia Militar "Máximo Gómez" de las Fuerzas Armadas Revolucionarias con la especialidad de ciencias políticas. En 1981 recibió su diploma en derecho de la Universidad de Santiago de Cuba. Ha recibido numerosas condecoraciones tanto en Cuba como en África, entre ellas la Orden Amílcar Cabral y la Orden Nacional de Colinas do Boé, otorgadas por los gobiernos de Cabo Verde y Guinea-Bissau, respectivamente.

En 1990, ostentando el grado de coronel en las FAR, Víctor Dreke pasó a la reserva. Fue representante en África de empresas cubanas dedicadas a la construcción de viviendas, escuelas, carreteras y otros proyectos de desarrollo. Entre 2003 y 2005 fue embajador de Cuba en Guinea Ecuatorial. A su regreso a Cuba, se desempeñó por más de una década como vicepresidente nacional de la Asociación de Combatientes de la Revolución Cubana y presidente de la Asociación en La Habana. En la actualidad es presidente de la Asociación de Amistad Cuba-África.

INTRODUCCIÓN

MARY-ALICE WATERS

Cuba y la guerra de independencia de Guinea-Bissau y Cabo Verde: La caída del último imperio colonial en África capta vivamente uno de los capítulos más importantes de la enorme ola de luchas anticoloniales y antiimperialistas que se extendió por el mundo durante y después de la Segunda Guerra Mundial.

Es un capítulo lleno de lecciones políticas para el pueblo trabajador. Y es también uno de los capítulos menos conocidos.

Este libro es un relato de primera mano de Víctor Dreke Cruz sobre esa lucha histórica. Siendo un comandante joven pero ya experimentado de las Fuerzas Armadas Revolucionarias de Cuba, Dreke dirigió la misión militar internacionalista de Cuba en Guinea-Bissau y la República de Guinea, países de África Occidental, en 1967 y 1968.

Esa misión, iniciada por los dirigentes cubanos Fidel Castro y Ernesto Che Guevara, brindó entrenamiento militar y asistencia médica a los cuadros del Partido Africano por la Independencia de Guinea y Cabo Verde (PAIGC) encabezado por Amílcar Cabral. Los combatientes del PAIGC lucharon para poner fin a 500 años de explotación y dominio colonial portugués. El triunfo del pueblo guineano contra ese régimen precipitó el colapso del último imperio colonial en África, y condujo a la independencia no solo de Guinea-Bissau en 1974 sino también, un año después, de Cabo Verde, Angola, Mozambique y Santo Tomé y Príncipe.

También provocó la caída del ya decadente régimen fascista en Portugal.

El relato de Víctor Dreke sobre ese hito decisivo no es una seca "historia". Lo que cobra vida en estas páginas es el sentido de orgullo y confianza de un pueblo antes subyugado y explotado que lucha no solo por su propia libertad sino que, según lo expresó Cabral, comienza a verse como parte de los "soldados de la humanidad" y a actuar en consecuencia.

Junto a ellos, el lector también encontrará a los voluntarios internacionalistas de Cuba revolucionaria, quienes demostraron al mundo la solidaridad humana que son capaces de brindar los hombres y mujeres que se han transformado al llevar a cabo una verdadera revolución socialista.

Durante los años 50 y 60, un tsunami de movimientos anticoloniales y antiimperialistas se propagó por Asia y el Pacífico, África, el Medio Oriente y el Caribe. Fue consecuencia de la propia Segunda Guerra Mundial. La segunda matanza interimperialista del siglo 20 fue desatada por potencias mundiales rivales con el propósito de redividir y saquear los mercados y recursos naturales del planeta. La guerra más mortífera en la historia de la humanidad extinguió las vidas de entre 70 y 85 millones de personas. La mayoría eran civiles.

Para comprender el carácter de clase de esa guerra, debemos agregar que la inmensa mayoría de esas muertes, tanto civiles como militares, fueron de trabajadores, campesinos y pequeños comerciantes. La humanidad oprimida y explotada de todas las razas y nacionalidades.

De las cenizas de la Segunda Guerra Mundial, el capitalismo norteamericano surgió como la potencia económica y militar predominante. Aún más importante, el orden imperialista mundial, nacido en los últimos años del siglo 19, había quedado enormemente debilitado. En el espacio de unos pocos años, los imperios coloniales erigidos (a través de siglos en algunos casos) por Portugal, España, Francia, Inglaterra, Holanda, Italia, Bélgica, Alemania, Japón y Estados Unidos se derrumbaron ante victoriosas luchas de liberación nacional por todo el mundo.

La correlación de fuerzas a escala internacional había cambiado.

El impacto de ese auge revolucionario alcanzó también los centros imperialistas. Inspiró batallas por los derechos, empleos y dignidad humana de nacionalidades oprimidas desde Irlanda hasta Quebec, Australia, Nueva Zelanda, las islas del Pacífico y otras partes del mundo.

Ante todo, los movimientos anticoloniales en África ayudaron a impulsar la batalla histórica que estalló dentro de Estados Unidos cuando los trabajadoras y trabajadores que eran negros, con creciente confianza y orgullo, hicieron frente a la clase gobernante imperialista más poderosa del mundo. A lo largo de una década de movilizaciones más y más potentes, derribaron toda la estructura capitalista de segregación racial llamada *Jim Crow*, la cual durante tres cuartos de siglo había dominado —y retrasado— las relaciones sociales en todo Estados Unidos. Su ejemplo, al demostrar lo que la clase trabajadora en acción es capaz de lograr, concientizó políticamente a toda una generación de jóvenes de todas las razas. Abrió paso a la integración racial del movimiento obrero moderno, y cambió para siempre las relaciones raciales y de clase en todo Estados Unidos.

Esta ola antiimperialista y anticapitalista alcanzó su apogeo con el inicio de la Revolución Cubana en las puertas mismas de Washington. El movimiento del pueblo trabajador cubano forjado bajo el liderazgo de Fidel derrocó en 1959 a la dictadura de Batista, apoyada por Washington, y dio pie a la primera revolución socialista en América. Para la clase dominante de Estados Unidos, ese fue un "crimen" que los dueños del capital y su gobierno no podrán jamás perdonar ni olvidar.

Solo en un año, en 1960, 17 nuevas naciones africanas establecieron su independencia, y otras 15 lo hicieron antes del fin de la década. En 1970, el único imperio colonial que aún seguía en pie era el más antiguo: Portugal.

Este libro trata sobre cómo los subvalorados súbditos del imperio portugués lo derribaron.

◆

Hay dos cosas en particular que sobresalen en este relato de Víctor Dreke, complementado por el último capítulo, que contiene reflexiones de otros voluntarios cubanos que también arriesgaron la vida en "Guinea portuguesa" o formaron parte de la dirección de esa misión internacionalista que duró ocho años.

La primera es la importancia política y la atención detallada que prestaron Fidel Castro, Che Guevara y otros dirigentes de la Revolución Cubana a las luchas de liberación nacional que recorrían África. Y la importancia que tuvieron esas luchas para educar al pueblo cubano sobre su propia historia y las realidades de la explotación capitalista.

Como reiteró Fidel repetidamente, la ayuda internacionalista del pueblo cubano a estas luchas era "saldar nuestra deuda con la humanidad". Sin embargo, este curso de acción —desde Argelia hasta el Congo, Guinea-Bissau, Etiopía y Angola— no fue solamente un acto de solidaridad. También fortaleció al pueblo trabajador de Cuba y su revolución.

El ejemplo más conocido es el aporte que Cuba hizo a la defensa de Angola, recién independizada, frente a las múltiples invasiones por el régimen sudafricano del apartheid. Esa misión internacionalista abarcó 16 años, de 1975 a 1991. El héroe sudafricano Nelson Mandela destacó su importancia para toda África —y para el mundo— poco después de ser excarcelado en 1990, tras más de 27 años en las prisiones del apartheid.

Ante una multitud de decenas de miles de personas en Matanzas, Cuba, el 26 de julio de ese año, Mandela agradeció al pueblo cubano por su ayuda decisiva, incluida la participación de los 425 mil voluntarios que cumplieron misión en Angola, de los cuales más de dos mil dieron su vida allí. Él subrayó la "importancia verdaderamente histórica de su presencia y refuerzo" en la batalla de Cuito Cuanavale en 1998 en el sur de ese país.

"¡La aplastante derrota del ejército racista en Cuito Cuanavale fue una victoria para toda África!", dijo Mandela ante el mundo. Representó "¡un punto álgido en la lucha por librar al continente y a nuestro país del azote del apartheid!"

Fue igualmente importante el impacto de estas misiones internacionalistas dentro de Cuba misma. Centenares de miles de cubanos y cubanas, al participar en una o más de las 24 misiones realizadas por Cuba en África a lo largo de más de tres décadas, regresaron a su país como seres humanos transformados. Habían "ampliado su visión", usando una de las frases favoritas de Malcolm X.

Las generaciones de cubanos que nacieron y crecieron después del triunfo de la Revolución Cubana sabían de la explotación capitalista únicamente por los libros y por los relatos de sus padres y abuelos. Para estos, vivir y combatir hombro a hombro con los pueblos del Congo, Guinea-Bissau, Etiopía, Angola y otros países fue una educación inolvidable sobre la barbarie del capitalismo. Profundizó su comprensión de lo que había logrado la revolución socialista en Cuba, el camino que había abierto.

Raúl Castro, entonces ministro de las Fuerzas Armadas Revolucionarias, lo expresó de la forma más clara posible en mayo de 1991, cuando recibió a los últimos combatientes voluntarios cubanos que regresaron de Angola. La Operación Carlota, según se denominaba la misión militar cubana en Angola, había concluido, dijo Raúl. Y él señaló su importancia con estas palabras:

"En los nuevos e inesperados desafíos, siempre podremos evocar la epopeya de Angola con gratitud, porque sin Angola no seríamos tan fuertes como somos hoy", subrayó Raúl. "Si nuestro pueblo se conoce mejor a sí mismo, si conocemos mucho mejor de qué somos capaces todos nosotros", dijo, "¡es también gracias a Angola!"

◆

La segunda cosa que sobresale en el relato de Dreke es la claridad programática, así como la capacidad y conducta, de Amílcar Cabral como principal dirigente de la lucha por la independencia de Guinea-Bissau y Cabo Verde.

Cabral fue asesinado en enero de 1973 en un operativo organizado por las fuerzas de inteligencia portuguesas. No vivió para ver el día en abril de 1974 cuando el erosionado régimen fascista en Portugal fue derrocado en un golpe militar, un golpe acelerado por la creciente desmoralización entre las filas y los oficiales de las fuerzas armadas a raíz de las derrotas que estaba sufriendo en Guinea.

El PAIGC y la lucha de liberación dirigida por sus cuadros superaron la pérdida de Cabral. Esto se debió ante todo a que la trayectoria política dirigida por Cabral había ganado no solo el apoyo sino la participación activa de números decisivos de guineanos y caboverdianos.

"No somos militaristas", insistió Cabral, dirigiéndose a los cuadros del partido en 1966. "Somos militantes armados", militantes políticos ante todo.

"Quizás decepcione a la gente, pero no soy un gran defensor de la lucha armada", dijo ante un público estadounidense en 1972. "Estoy muy consciente de los sacrificios exigidos por la lucha armada. Es violencia hasta contra nuestro propio pueblo". Si "fuera posible resolver estos problemas sin la lucha armada, ¿por qué no?" Pero una guerra de liberación "no es un invento nuestro", dijo. "Es la exigencia de la historia".

Cabral se expresó de forma aún más sencilla y clara al conversar en 1966 con aldeanos que se habían incorporado al ejército guerrillero en el frente norte del territorio guineano. "La lucha armada es muy importante, pero lo más importante de todo es una comprensión de la situación de nuestro pueblo", les dijo.

"Nuestro pueblo apoya la lucha armada. Debemos asegurarles de que los que portan las armas son los hijos del pueblo y que las armas no son mejores que las herramientas de trabajo", afirmó Cabral. "Entre un hombre que porta un fusil y un hombre que porta una herramienta, el más importante de los dos es el hombre con la herramienta. Hemos empuñado las armas para derrotar a los portugueses, pero la razón principal para expulsar a los portugueses es para defender al hombre con la herramienta".

En una conferencia de dirigentes de las luchas de liberación en las colonias portuguesas, celebrada en Dar es-Salam, Tanzania, en 1965, Cabral explicó nuevamente la piedra angular *política* de la lucha en Guinea Bissau y Cabo Verde:

"No estamos luchando simplemente para izar una bandera y tener un himno nacional". Estamos luchando, dijo, "para que nuestro pueblo nunca más sea explotado por los imperialistas, no solo europeos, no solo gente de piel blanca, porque no confundimos explotación o explotadores con el color de la piel de los hombres.

"¿Quién es este enemigo que nos domina?" preguntó Cabral. El enemigo "no es el pueblo portugués, ni tampoco Portugal". Ni siquiera es el dictador fascista portugués António Salazar, dijo. "El enemigo es el *colonialismo* portugués".

Portugal, subrayó Cabral, "es un país económicamente atrasado, donde un *50 por ciento* de la población es analfabeta". El hecho de que Portugal era (y sigue siendo) una sociedad dividida en clases significaba que los soldados portugueses capturados por las fuerzas del PAIGC frecuentemente eran analfabetos.

Los prisioneros de guerra portugueses no eran maltratados por los luchadores de liberación. Eran tratados con dignidad y respeto. A veces en los campamentos se mezclaban libremente con las fuerzas de liberación, compartían tareas cotidianas como la recolección de leña y cargando agua. Cuando se presentaba la oportunidad eran entregados a la Cruz Roja, no al ejército portugués. En este libro ¡hasta hay una foto que los muestra juntos jugando fútbol!

La lucha armada por la independencia se inició en 1963. Comenzó únicamente cuando el PAIGC comprobó —por experiencia propia desde su fundación clandestina en 1956, incluida la sangrienta supresión colonial de huelgas y protestas públicas— que no les quedaba alternativa.

En un país sin industrias y prácticamente sin clase trabajadora, decidieron que primero necesitaban ir al mato, aldea por aldea, y ganar apoyo entre la población de todas las tribus. Es lo que hicieron durante dos años, a la vez que organizaron células clandestinas en los centros urbanos. Enviaron a sus cuadros jóvenes a trabajar con los aldeanos rurales y aprender sobre las condiciones en que vivían. Lucharon para superar los antagonismos tribales que los portugueses fomentaban y aprovechaban para agudizar las divisiones.

Organizaron escuelas para niños y adultos; en Guinea el analfabetismo superaba el 99 por ciento. Crearon clínicas, brigadas sanitarias, milicias, consejos de aldea administrativos y estructuras judiciales. Incorporaron a las mujeres a estas actividades; abrieron paso a que las mujeres dirigieran. Y mucho más, como descubrirán los lectores en este relato.

"Decidimos movilizar a la población en el mato", explicó Cabral. "Mucha gente cree que llegamos a esta decisión aplicando las teorías de Mao Zedong o quien sea, pero en esa época ni sabíamos quién era Mao Zedong. Las necesidades de nuestra tierra nos llevaron a tomar esta decisión", dijo Cabral, "y nuestros propios tropiezos nos mostraron el camino".

La palabra de orden que guiaba a los cuadros del PAIGC era: "No oculten nada de las masas de nuestro pueblo. No mientan. Combatan las mentiras cuando se digan. No disfracen dificultades, errores y fracasos. No se atribuyan victorias fáciles". Esa advertencia expresa la misma confianza en los explotados y oprimidos que la que guió a los hombres y mujeres del Ejército Rebelde en la Sierra Maestra de Cuba.

En septiembre de 1973, más de seis meses antes de la caída del régimen portugués, el PAIGC logró organizar una asamblea nacional de representantes de los organismos administrativos de las aldeas en los territorios liberados. Los delegados electos de estas zonas declararon que Guinea-Bissau era un país independiente. Aun antes de que Portugal reconociera su independencia formal, estas zonas liberadas ya abarcaban dos terceras partes del país.

Es evidente por las acciones y las palabras de Amílcar Cabral que él era un materialista consciente, un materialista dialéctico e histórico. Estaba cómodo con lo que había leído de Marx y Engels, y lo había interiorizado. En un país aún caracterizado en muchas regiones por relaciones sociales anteriores a la sociedad de clases, Cabral comprendía y explicaba de manera clara y sencilla, ante públicos de todo tipo, que la historia y evolución de la humanidad se basa en el desarrollo de las fuerzas productivas. La historia no comienza con el surgimiento de las divisiones y opresión de clase. Por tanto, los antagonismos sociales y económicos de la sociedad capitalista no son eternos, y pueden ser transformados por la acción revolucionaria de las masas trabajadoras.

Cabral instó a los jóvenes, independientemente de sus convicciones religiosas, a que estudiaran la ciencia, a que superaran los temores tradicionales a la naturaleza. A que estudiaran y aprendieran a partir de sus contactos con otras sociedades. Insistía en que —al margen de las similitudes entre las diferentes luchas de liberación nacional— los dirigentes de cada lucha debían comenzar con una comprensión del carácter singular de la historia y el desarrollo económico de su pueblo.

A los que condenaban todo lo que fuera portugués, Cabral explicaba que el capitalismo en Europa y el mundo había jugado un papel inmenso e irremplazable en la evolución de la humanidad y en el mejoramiento de la vida de las personas. El capitalismo en un momento había sido la fuerza más productiva del planeta. Pero eso había cambiado de manera fundamental con el surgimiento de la época imperialista.

"Al tiempo que nos deshacemos de la cultura colonial y de los aspectos negativos de nuestra propia cultura", dijo Cabral al pueblo de Guinea-Bissau y Cabo Verde, "tenemos que crear una nueva cultura, también basada en nuestras tradiciones, pero respetando todo lo que el mundo actual ha conquistado para beneficio de la humanidad".

"El patriotismo o la sinceridad de una persona no se puede medir por el color de su piel, por su nombre o por la forma en que se viste", explicó Cabral. "Algunos entre nosotros creen que porque su nombre es N'Tan Passa, Keita o Bubacar, o lo que sea, son más guineanos que alguien que se llama Lourenço Marques o Lúcio Vieira, que son nombres de blancos. No es cierto. El nombre no hace que una persona sea más hijo de su tierra, que tenga más derecho a la tierra, que sea más amigo del pueblo.

"Lo importante no es el nombre o el color de la piel. Lo importante es lo que la persona tiene en su cabeza y en su corazón, el trabajo de cada día que lo hace un verdadero hijo de la tierra".

Al hablar con un grupo de luchadores por los derechos de los negros durante un viaje a Estados Unidos en octubre de 1972, Cabral respondió a la pregunta de una simpatizante norteamericana sobre la situación de la mujer. "Sí, hemos logrado grandes avances, pero no lo suficiente", contestó. "Estamos muy lejos de lo que queremos hacer. Pero esto no es un problema que pueda ser resuelto si Cabral firma un decreto. Forma parte de todo el proceso de cambiar las condiciones materiales de nuestro pueblo".

Durante ese viaje a Estados Unidos Cabral también respondió a una pregunta sobre el panafricanismo. "El panafricanismo es una idea bonita, pero tenemos que trabajar para lograrla", dijo. Le recordó al público que en muchos de los países africanos recién independizados, "solo reemplazaron a un blanco con un negro, pero para el pueblo sigue igual". En un discurso anterior él explicó, "Estamos a favor de la unidad africana cuando beneficia a los pueblos africanos. Para nosotros la unidad es un medio, no un fin. No debe traicionar ese fin. Por eso no tenemos mucha prisa para alcanzar la unidad africana".

En su discurso de 1965 ante la conferencia en Dar es-Salam de movimientos de liberación en las colonias portuguesas, Cabral subrayó que "nuestra lucha armada es solo un aspecto de la lucha general de los pueblos oprimidos contra el imperialismo, de la lucha del hombre por la dignidad, la libertad y el progreso. Hoy día en el vasto frente de lucha en África, debemos considerarnos soldados, muchas veces anónimos, pero soldados de la humanidad".

Dada la base materialista y la claridad de clase que guiaban la trayectoria política de Cabral, no es ninguna sorpresa que a veces le preguntaran si él era marxista. Es un placer leer su respuesta a esta pregunta en un evento público en Londres en 1971.

"¿Es el marxismo una religión?" le preguntó Cabral a su interlocutor. "Yo soy un luchador por la libertad en mi país. Usted debe juzgar por lo que hago en la práctica. Si usted decide que es marxismo, dígale a todo el mundo que es marxismo. Si decide que no es marxismo, dígales que no es marxismo. Pero los rótulos son asunto suyo; a nosotros no nos gustan esos rótulos.

"La gente aquí está muy preocupada con las preguntas: ¿son ustedes marxistas o no son marxistas?" agregó. "Por favor, solo pregúnteme si vamos bien en nuestro terreno. ¿Estamos realmente liberando a nuestro pueblo, a los seres humanos en nuestro país, de todas las formas de opresión?

"Pregúnteme simplemente eso, y saque sus propias conclusiones".

◆

Cabral no solo acogió con entusiasmo la ayuda internacionalista que el movimiento de liberación recibió del gobierno y el pueblo de Cuba. Él se veía atraído al ejemplo político de la Revolución Cubana y su dirección.

"Si alguno de nosotros llegó a Cuba con dudas sobre el carácter arraigado, la fuerza, la madurez y la vitalidad de la Revolución Cubana", dijo Cabral en enero de 1966, "esas dudas fueron despejadas por lo que ya hemos presenciado". Él estaba presentando uno de los principales discursos de la Conferencia Tricontinental en La Habana, que había congregado a unos 500 delegados de más de 80 países del mundo.

"La vanguardia de la Revolución Cubana ha movilizado, organizado y educado políticamente al pueblo", dijo Cabral. Lo ha "mantenido permanentemente informado sobre los problemas nacionales e internacionales que afectan su vida", permitiéndoles "participar activamente en la solución de esos problemas.

"Es una lección para todos nosotros, pero especialmente para los movimientos de liberación nacional, y específicamente para aquellos que quieren que su revolución nacional sea una verdadera revolución".

Como lo demuestran estos pocos ejemplos y otros que aparecen en el relato de Víctor Dreke, lo que distinguió la trayectoria política de Amílcar Cabral como dirigente del PAIGC fue su confianza en las capacidades revolucionarias de los explotados y oprimidos. No debe sorprendernos que Fidel y Che reconocieran en Cabral un alma afín y que enviaran a algunos de los mejores y más fogueados cuadros de la Revolución Cubana para asistirlos. Para luchar *junto* a ellos, como insistió Cabral, y no luchar *por* ellos.

En el transcurso de los ocho años de la guerra de independencia, unos 400 voluntarios internacionalistas cubanos combatieron, en un momento u otro, junto a las fuerzas de liberación de Guinea y Cabo Verde. Vivieron al máximo la convocatoria a la acción de Fidel:

"Quien no esté dispuesto a combatir por la libertad de los demás no será jamás capaz de combatir por la propia".

30 de septiembre de 2025

"No oculten nada de las masas de nuestro pueblo. No mientan. No disfracen dificultades, errores, fracasos. No se atribuyan victorias fáciles". —AMÍLCAR CABRAL, 1965

CORTESÍA DE VÍCTOR DREKE

Amílcar Cabral sabía que el movimiento de liberación en Guinea-Bissau y Cabo Verde solo triunfaría con el apoyo y la participación de las masas del pueblo. El objetivo, decía, no era "simplemente izar una bandera y tener un himno nacional" —una independencia formal— sino comenzar a transformar la sociedad a favor de la gran mayoría.

ARRIBA: Cabral habla ante combatientes del PAIGC, mujeres milicianas y pobladores en el congreso del partido de 1964, celebrado en la aldea de Cassacá. Ahí Cabral libró una exitosa batalla política contra varios comandantes guerrilleros que se habían convertido en caudillos que usaban su autoridad militar para abusar a mujeres y aterrorizar a la población.

ÁFRICA

MARRUECOS
TÚNEZ
ARGELIA
LIBIA
EGIPTO
SAHARA OCCIDENTAL
CABO VERDE
MAURITANIA
MALI
NÍGER
CHAD
SUDÁN
ERITREA
SENEGAL
GAMBIA
BURKINA FASO
YIBUTI
NIGERIA
REP. CENTRO-AFRICANA
GUINEA-BISSAU
GHANA
ETIOPÍA
SUDÁN DEL SUR
SOMALIA
CAMERÚN
GUINEA-CONAKRY
BENÍN
TOGO
UGANDA
COSTA DE MARFIL
GABÓN
REPÚBLICA DEMOCRÁTICA DEL CONGO (ZAIRE)
KENIA
SANTO TOMÉ Y PRÍNCIPE
RUANDA
SIERRA LEONA
BURUNDI
TANZANIA
LIBERIA
GUINEA ECUATORIAL
MALAUI
ANGOLA
ZAMBIA
MOZAMBIQUE
CONGO-BRAZZAVILLE
ZIMBABUE
NAMIBIA
MADAGASCAR
BOTSUANA
Océano Atlántico
SUDÁFRICA
ESUATINI
LESOTO
N
O
E
S
0
500
1000 millas
0
800
1600 kilómetros

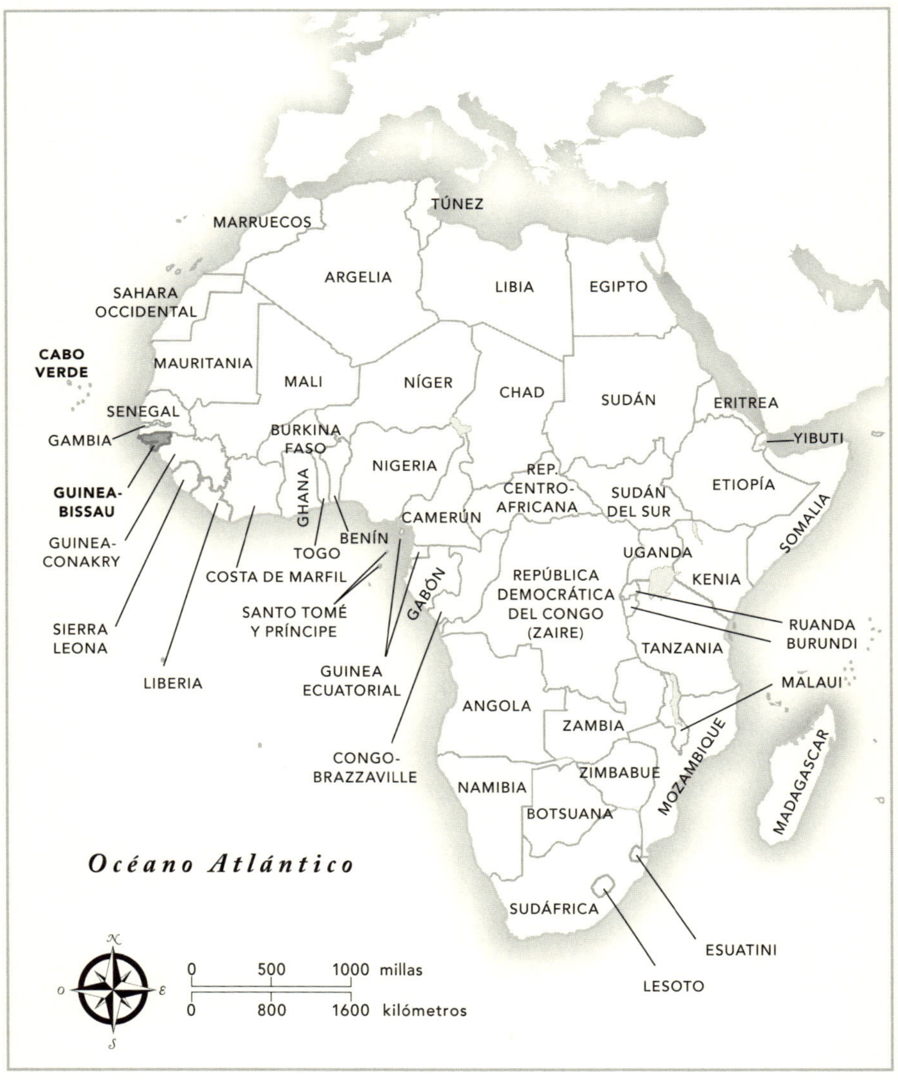

ÁFRICA OCCIDENTAL

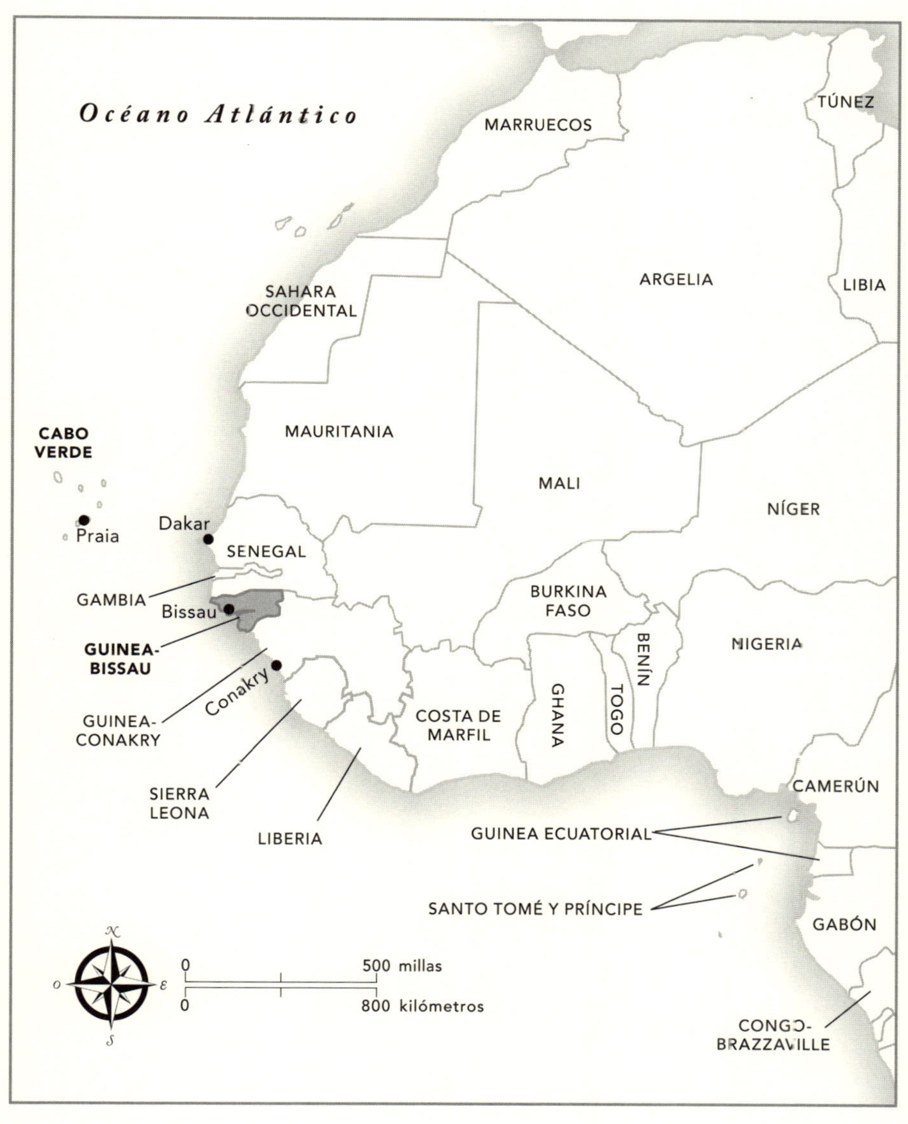

GUINEA-BISSAU y CABO VERDE

Algunos datos básicos

MARTÍN KOPPEL

Guinea-Bissau y Cabo Verde

LA REPÚBLICA DE GUINEA-BISSAU, en África Occidental, es uno de los países más pequeños de ese continente. Con una superficie de 14 mil millas cuadradas (36 mil kilómetros cuadrados), equivalente a la de Bélgica, hoy tiene una población de 2 millones de habitantes. El nombre del país se identifica por su capital, Bissau, para distinguirlo de la vecina República de Guinea, también conocida como Guinea-Conakry, por su capital.

El idioma oficial de Guinea-Bissau es el portugués, y también se usa comúnmente un criollo autóctono. La población además habla idiomas correspondientes a sus respectivas etnias, que incluyen los pueblos balanta, fula (fulani), manjaco, mandinga (malinke), pepel y bijagó. Los lazos tribales y lingüísticos traspasan las fronteras con los vecinos países de Senegal y Guinea-Conakry. Casi la mitad de la población se identifica como musulmana, especialmente entre los fula y los mandinga. Un número importante de guineanos, sobre todo entre los balanta, los pepel, los manjaco y los bijagó, practican religiones animistas o la fe católica.

Durante cinco siglos Guinea-Bissau formó parte del imperio colonial portugués en África, junto con Angola, Mozambique, Cabo Verde y Santo Tomé y Príncipe. Lisboa usaba la costa guineana como centro para su comercio transatlántico de esclavos. Muchos africanos fueron sometidos al trabajo esclavo en las plantaciones portuguesas de algodón y añil en Cabo Verde, un archipiélago a 500 kilómetros de la región continental. Hasta finales del siglo 19, los gobernantes coloniales tuvieron muy poca presencia en el interior de lo que hoy es Guinea-Bissau, y solo en 1936 lograron aplastar toda la resistencia autóctona.

Entre 1933 y 1974, Guinea-Bissau estuvo bajo la dictadura clerical-fascista en Portugal encabezada por António Salazar y después Marcelo Caetano. Lisboa mantuvo sus colonias aisladas del resto del mundo. Al momento de lograr su independencia, Guinea-Bissau casi no tenía industrias, contaba con poca infraestructura y la gran mayoría de la población era agrícola. Solo se explotaba un reducido porcentaje de la tierra cultivable, dedicada mayormente al arroz para la subsistencia y al maní como cultivo comercial.

Bajo las leyes coloniales portuguesas, los guineanos estaban divididos en dos categorías: "asimilados" y "no asimilados" (o "civilizados" e "indígenas"). Un número ínfimo de guineanos —menos del uno por ciento— que cumplían ciertos requisitos tributarios y de alfabetización eran reconocidos como "asimilados", lo cual les daba acceso a la enseñanza pública y a muy limitados derechos políticos. Los gobernantes coloniales intentaban convencerlos de que se identificaran como "portugueses", aunque eran apenas ciudadanos de tercera.

Más del 99 por ciento de la población estaba privada de derechos. Los campesinos en particular estaban sometidos a un sinnúmero de impuestos, robo de ganado, azotes y trabajos forzosos construyendo caminos. En 1959 Guinea portuguesa tenía solo una escuela secundaria pública. Menos de uno por ciento de la población sabía leer y escribir. El país contaba con solo 25 médicos y 26 enfermeras. Eran endémicas la malaria, la anquilostomiasis (lombriz de gancho), la tripanosomiasis (enfermedad del sueño), la oncocercosis (ceguera de los ríos) y otras enfermedades parasitarias. La desnutrición y altos índices de mortalidad infantil y materna eran realidades cotidianas. La esperanza de vida promedio era de 37 años.

Antes de la independencia, las relaciones económicas en el campo era mayormente precapitalistas. Las relaciones sociales variaban mucho entre los grupos tribales. Los balanta eran una sociedad pre-clase donde la tierra era propiedad comunal y no había estratificación social; las decisiones las hacía un consejo de ancianos que consultaba a los pobladores.

Por otra parte, entre los fula había comenzado a surgir una estructura jerárquica de clases: jefes, nobles, figuras religiosas, artesanos, comerciantes itinerantes y campesinos. Según las tradiciones, la tierra fula pertenecía a toda la aldea y la responsabilidad del jefe era de supervisar el usufructo de la tierra para beneficio de la comunidad. En realidad, los campesinos fula estaban sometidos a los jefes, a quienes tenían que entregar una parte de su producción agropecuaria. Otras tribus se encontraban en etapas de desarrollo entre los balanta y los fula.

La posición social de la mujer también variaba de acuerdo con las relaciones económicas y sociales de cada grupo tribal. Entre los balanta, las mujeres gozaban de un alto grado de igualdad con los hombres. En las comunidades fula, la mujer era considerada propiedad del hombre. La poligamia existía en todo el territorio, aunque la monogamia predominaba más en las comunidades balanta. Las mujeres hacían la mayor parte del trabajo agrícola entre todos los grupos tribales.

El régimen colonial portugués utilizaba las diferencias tribales, étnicas y religiosas, entre otras, para tratar de mantener dividida a la población guineana, y también para oponer a los guineanos contra los caboverdianos. Por ejemplo, durante la guerra de independencia, logró la cooperación de muchos de los jefes tradicionales fula con promesas de proteger sus privilegios. El Partido Africano por la Independencia de Guinea y Cabo Verde (PAIGC) bajo la dirección de Amílcar Cabral combatió estos métodos del régimen de "divide y vencerás" y se ganó el apoyo de la gran mayoría de los guineanos de todos los orígenes étnicos.

Cabo Verde

Cabo Verde es un archipiélago de 10 islas volcánicas a 350 millas (500 kilómetros) de la costa de África Occidental. Estuvo deshabitado hasta el siglo 15, cuando los portugueses llegaron y comenzaron a poblarlo con africanos capturados y transportados de la región continental.

La esclavitud dominó la economía colonial en las islas hasta el siglo 19. A raíz de esta historia, la mayor parte de los caboverdianos son mestizos y en su mayoría son católicos. El idioma oficial es el portugués, pero la mayoría habla principalmente el *crioulo*, el criollo caboverdiano. Hoy el país tiene una población de 500 mil, de los cuales la tercera parte viven en la capital, Praia.

Los colonialistas catalogaban a los caboverdianos como "asimilados", buscando oponerlos a la mayoría de la población en Guinea-Bissau. A los caboverdianos les daban más acceso a la enseñanza pública y los nombraban a muchos empleos públicos y puestos administrativos de bajo nivel en el gobierno colonial.

Aun así, en un país árido con poco desarrollo agropecuario, los caboverdianos padecían altos niveles de desempleo y analfabetismo, sequías y hambrunas catastróficas, así como dependencia de los alimentos importados. Los campesinos, aparceros y arrendatarios eran explotados por grandes terratenientes. Estas condiciones han resultado en una emigración masiva desde el siglo 19, incluidos los que durante la época colonial se vieron obligados a buscar trabajo bajo contrato en las plantaciones de cacao en Santo Tomé y Príncipe. Hoy día hay más personas de ascendencia caboverdiana radicadas en el exterior que en el archipiélago, especialmente en Estados Unidos, Senegal, Argentina, Portugal y otros países europeos.

Durante y después de la segunda guerra mundial imperialista, irrumpieron movimientos de liberación nacional por toda Asia, África y América Latina y el Caribe. A finales de los años 50 y principios de los 60, la mayoría de los países africanos se liberaron del coloniaje británico, francés, belga y español. Las colonias portuguesas finalmente lograron su independencia a mediados de los 70.

Amílcar Cabral fue el dirigente central de la lucha conjunta en Guinea-Bissau y Cabo Verde. Desde que ganaron su independencia, estos países han mantenido cada cual su propio gobierno.

Amílcar Cabral

AMÍLCAR CABRAL NACIÓ EN 1924 de padres caboverdianos en Guinea portuguesa (hoy Guinea-Bissau) y se crio en Cabo Verde.

Después de completar la enseñanza secundaria, Cabral recibió una beca para estudiar en la Universidad Técnica de Lisboa. Escogió la carrera de agrónomo, con un interés especial en la ciencia del suelo, porque quería hallar las causas de las hambrunas provocadas por sequías que asolaban Cabo Verde. Se convenció de que no eran desastres naturales inevitables sino producto del afán de lucro que bajo el dominio colonial llevaba a la deforestación y al sobrepastoreo, y que esos desastres se podían prevenir. Sus experiencias y estudios lo llevaron más y más a adquirir una comprensión científica de cómo el trabajo humano transforma la naturaleza y es la fuerza motriz del progreso de la sociedad.

En Lisboa, Cabral conoció a otros estudiantes africanos, entre ellos Agostinho Neto y Mário de Andrade de Angola así como Eduardo Mondlane y Marcelino dos Santos de Mozambique, quienes luego fueron dirigentes fundadores de movimientos independentistas en sus respectivos países; dos Santos y Cabral hasta fueron compañeros de cuarto por un tiempo.

Se involucraron en actividades políticas en Portugal con opositores de la dictadura fascista de Salazar, incluido el Partido Comunista Portugués. Sin embargo, en esa época el partido pro-Moscú, a fin de facilitar su colaboración con aliados burgueses "progresistas", rehusaba abogar por la independencia de las colonias portuguesas, de la misma manera que el Partido Comunista Francés no apoyaba la lucha independentista en Argelia. Por tanto, los jóvenes africanos, al ir concientizándose, comenzaron a organizar sus propias reuniones clandestinas sobre política y cultura, primero en la Casa de los Estudiantes del Imperio, un centro social creado por el gobierno portugués, y después en el Centro de Estudios Africanos, que Cabral ayudó a fundar. Frecuentaron un centro social para marineros africanos, quienes les facilitaron libros prohibidos del exterior y les ayudaron a ampliar sus horizontes políticos.

Cabral trabajó por un tiempo en una estación de investigación agrícola en Alentejo, la zona rural más pobre de Portugal, donde fue testigo de la explotación, el analfabetismo y la represión a los que los latifundistas sometían a muchos jornaleros y campesinos sin tierra. Esa experiencia impactó mucho a Cabral. Le ayudó a comprender que las clases trabajadoras en Portugal tenían intereses comunes con los que combatían el dominio imperialista en África y podían ser convencidos de apoyar esa lucha.

A su regreso a Guinea portuguesa en 1952, Cabral trabajó como agrónomo —el primero en su país— y recorrió todo el territorio por un año, realizando un detallado censo agrícola que no tenía precedentes en las colonias africanas de Portugal. Este trabajo le permitió conocer a cientos de pobladores y campesinos y adquirir un conocimiento íntimo de la tierra, la economía y los pueblos de Guinea-Bissau. Aprendió sobre las condiciones en que vivían bajo el yugo colonial, y también sobre las posibilidades de transformar estas condiciones.

Las autoridades portuguesas en Bissau tomaron medidas contra Cabral por fomentar discusiones "subversivas" en un club deportivo juvenil que él organizó. Lo proscribieron de la colonia salvo para breves visitas familiares, y él regresó a Portugal. Cabral también trabajó en varias ocasiones como agrónomo en Angola, y participó en la fundación del Movimiento Popular para la Liberación de Angola (MPLA), dirigida por su amigo y compañero Agostinho Neto.

En septiembre de 1956 Cabral regresó a Bissau, donde fundó en la clandestinidad el Partido Africano por la Independencia de Guinea y Cabo Verde, junto con su hermano Luís Cabral, Aristides Pereira y otros luchadores anticoloniales. Los miembros del joven PAIGC protagonizaron numerosas luchas obreras.

Un hito importante fue la huelga en 1959 de los obreros portuarios y marineros de transporte fluvial contra miserables salarios y condiciones de trabajo. El 3 de agosto de 1959, tropas portuguesas abrieron fuego contra los huelguistas en los muelles de Pidjiguiti, dejando muertos a 50 trabajadores. La masacre de Pidjiguiti, hoy conmemorada como feriado nacional, convenció a los dirigentes del PAIGC de que las vías legales de lucha estaban cerradas. Tendrían que librar una guerra de guerrillas. La organización estableció su base de retaguardia en la vecina Guinea-Conakry, con el apoyo del gobierno del presidente Ahmed Sékou Touré.

Durante los dos años antes de iniciar la guerrilla en 1963, el PAIGC envió a sus cuadros jóvenes a aldeas rurales por toda Guinea-Bissau para aprender y ganarse la confianza de la población. Reclutaron a militantes de todos los grupos tribales. En el primer congreso del partido, celebrado en 1964 en la aldea sureña de Cassacá, Cabral dirigió una exitosa batalla política que derrotó a varios comandantes guerrilleros que se habían convertido en caudillos locales. Estos oficiales habían usado su autoridad militar para abusar a mujeres, acusar a sus críticos de "brujería" y matarlos, y aterrorizar a la población. El PAIGC fue reorganizado para que la guerra fuera dirigida política y militarmente por la dirección central del partido.

El PAIGC logró rápidos avances contra el régimen colonial, creando áreas liberadas cada vez más extensas. En estas zonas el partido organizó a la población para resolver necesidades sociales básicas. Fueron creadas decenas de escuelas. Nuevas clínicas atendían a pacientes sin cobrar, y brigadas sanitarias organizaban campañas de vacunación contra el cólera. Establecieron tiendas donde los campesinos podían obtener artículos de primera necesidad. Milicias de autodefensa, junto con el ejército guerrillero, protegían a la población contra los ataques portugueses. Comités de aldea elegidos por los pobladores administraban los asuntos locales, y se creó un sistema judicial. El PAIGC también organizó un movimiento clandestino en la capital.

Con el apoyo activo de Cabral, las mujeres fueron integradas más y más a la vida social y política, llegando a ser maestras, enfermeras, miembros de los comités de aldea, dirigentes políticos y combatientes. A través de estas experiencias, un creciente número de mujeres fueron desarrollando confianza, y comenzaron a derrumbarse prejuicios milenarios. La dirección del PAIGC realizó una labor educativa para poner fin al dote y a los matrimonios forzados, y también abogó por el derecho de la mujer al divorcio. Prohibió la poligamia para sus miembros, a la vez que intentó persuadir a la población en general a oponerse a esa práctica.

A partir de mayo de 1966 el gobierno revolucionario de Cuba, a petición de Cabral, envió a internacionalistas voluntarios a Guinea-Bissau que entrenaron y combatieron hombro a hombro con los independentistas. Víctor Dreke dirigió a las unidades cubanas en ese país en 1967–68.

En enero de 1973 Amílcar Cabral fue asesinado en un operativo organizado por la policía secreta portuguesa y efectuado por miembros y ex miembros desafectos del PAIGC. El régimen, aprovechando antagonismos étnicos fomentados por mucho tiempo bajo el dominio colonial, había reclutado a varios guineanos que guardaban resentimientos personales contra la dirección del PAIGC y se mostraban hostiles hacia los caboverdianos. Lisboa había prometido recompensarlos con altos cargos en una futura Guinea-Bissau "autónoma" a cambio de matar a Cabral y poner fin a "la dominación caboverdiana" del movimiento de liberación.

A pesar de este duro golpe, el movimiento independentista continuó avanzando. Con el apoyo de los internacionalistas cubanos, el PAIGC propinó derrotas decisivas al ejército portugués, que fue sufriendo más y más deserciones. La lucha de liberación en Guinea-Bissau precipitó una crisis política en el ya decadente régimen fascista de Lisboa, que también estaba librando guerras coloniales en Angola y Mozambique.

En abril de 1974 la dictadura de Caetano fue derrocada en un golpe militar, lo que provocó un masivo ascenso de las masas trabajadoras en Portugal que llegó a conocerse como la “Revolución de los Claveles”.

Guinea-Bissau ganó su independencia en septiembre de 1974. Cabo Verde se independizó en 1975, al igual que Mozambique, Angola y Santo Tomé y Príncipe.

Entrevista a Víctor Dreke Cruz

El siguiente es un relato de primera mano de Víctor Dreke Cruz sobre los acontecimientos que llevaron a la histórica caída del último imperio colonial en África.

Esta narración es fruto de entrevistas con el dirigente revolucionario cubano realizadas a lo largo de casi dos décadas por Mary-Alice Waters, dirigente del Partido Socialista de los Trabajadores y presidenta de la editorial Pathfinder, junto con Martín Koppel y Róger Calero, editores de Pathfinder. Ellos recibieron la colaboración de Iraida Aguirrechu, quien era la redactora principal de Editora Política, casa editorial del Partido Comunista de Cuba.

Como se explica en las páginas anteriores, la participación de Dreke en la lucha por la independencia de Guinea-Bissau comenzó a mediados de los años 60, cuando el gobierno cubano respondió a una petición de ayuda de los líderes independentistas africanos. Continuó después de que los pueblos de Guinea-Bissau y Cabo Verde se liberaron del dominio colonial.

1. Por qué fuimos

MARY-ALICE WATERS: En noviembre de 1965 regresaste a Cuba del Congo,* donde habías sido el segundo jefe, bajo el mando de Ernesto Che Guevara, de una columna de 130 voluntarios cubanos que apoyaban a combatientes antiimperialistas. Tu relato sobre esa misión internacionalista es el último capítulo del libro en el que trabajamos juntos hace más de 20 años: *De la sierra del Escambray al Congo: En la vorágine de la Revolución Cubana.*

Apenas un año después de tu regreso, Fidel te encomendó dirigir una nueva acción internacionalista en África, esta vez como jefe de la misión militar cubana en Guinea-Bissau y en la vecina República de Guinea, o Guinea-Conakry, según se conoce.

La contribución que hizo la Revolución Cubana a la victoriosa guerra de independencia contra el dominio colonial portugués en Guinea-Bissau fue decisiva, pero es menos

* La República Democrática del Congo (a veces conocida como Zaire). Colinda con la República del Congo. Para distinguir entre los dos países, aquí se denomina Congo al primero y Congo-Brazzaville al segundo, identificado por su capital.

conocida que la misión del Congo en la que participaste. Muchos relatos históricos sobre el movimiento de liberación en Guinea-Bissau y Cabo Verde ni siquiera mencionan el apoyo cubano a esa guerra de independencia. ¿Qué nos puedes contar de esta historia? ¿Por qué participaron cubanos en esa lucha?

VÍCTOR DREKE: Primero voy a comenzar con un cuadro más amplio. Guinea-Bissau y el archipiélago de Cabo Verde fueron colonizados por Portugal durante cinco siglos, junto con Angola, Mozambique y Santo Tomé y Príncipe. Los pueblos de esos territorios estuvieron entre los millones de africanos traídos a la fuerza como esclavos a América, muchos de ellos a Cuba.

En los años 50 y 60 surgieron por todo el mundo movimientos de liberación nacional que lucharon contra la dominación colonial e imperialista. En África la mayoría de los países se independizaron de Gran Bretaña, Francia, Bélgica y España, y también surgieron movimientos de liberación en las colonias portuguesas.

Amílcar Cabral fundó el Partido Africano por la Independencia de Guinea y Cabo Verde, el PAIGC, en 1956. El partido participó en luchas que fueron brutalmente reprimidas por el régimen portugués. En 1963 los dirigentes del movimiento llegaron a la conclusión de que tendrían que luchar no solo políticamente sino con las armas en la mano. Lanzaron una guerra de independencia.

¿Por qué fuimos a Guinea-Bissau? La Revolución Cubana ha sido internacionalista desde el principio. Nuestras primeras misiones en el exterior se llevaron a cabo en África. En 1961, cuando los argelinos luchaban para liberarse del colonialismo francés, el gobierno cubano les envió un cargamento de armas, y el barco regresó a Cuba con huérfanos de la guerra para recibir atención médica. Un año después de que ganaron su independencia en 1962, enviamos combatientes voluntarios para ayudar a Argelia a defenderse de una agresión del régimen de Marruecos instigada por Estados Unidos. Ese mismo año, el primer grupo internacionalista de médicos y enfermeros cubanos fue a Argelia.

En diciembre de 1964 Che viajó a África para reunirse con gobiernos y dirigentes de movimientos de liberación en todo el continente. A raíz de ese viaje, que duró tres meses, nuestra dirección revolucionaria decidió en 1965 enviar una columna de combatientes cubanos al Congo, encabezada por Che. Fuimos a solicitud de los congoleses que luchaban contra un régimen neocolonial, y con el aval oficial de la Organización para la Unidad Africana, que integraba a los países africanos recién independizados. Fuimos como instructores y combatimos junto a los congoleses.

Durante su recorrido por África, Che visitó Guinea-Conakry. Ahí conoció a Amílcar Cabral y quedó muy impresionado por sus cualidades como dirigente. Che llegó a la conclusión de que el movimiento en Guinea-Bissau era uno de los más serios y mejor organizados en África.

Apenas unos meses después, Cuba cumplió la promesa que Che le había hecho a Amílcar. Enviamos un barco, el *Uvero*, con armas, medicinas y alimentos para los guerrilleros en Guinea-Bissau. Desembarcó en Guinea-Conakry, que bajo el presidente Ahmed Sékou Touré servía de retaguardia para el PAIGC.

WATERS: En enero de 1966, Cabral visitó La Habana para participar en la Conferencia de Solidaridad con los Pueblos de Asia, África y América Latina —la Tricontinental—

a la que concurrieron luchadores antiimperialistas de todas partes del mundo. En su discurso ante ese encuentro, Cabral rindió homenaje a la revolución socialista cubana.

DREKE: Amílcar dio un discurso serio, quizás el mejor discurso de la Tricontinental.* Explicó que la lucha armada era necesaria en luchas de liberación como la que ellos estaban llevando a cabo contra el colonialismo portugués. En esa época había organizaciones de izquierda en muchos países que abogaban por "la vía pacífica" en la lucha contra la dominación imperialista. Y aquí estaba Amílcar, abrazando la Revolución Cubana y apoyando a Fidel sobre la necesidad de la lucha armada revolucionaria.

Después de la conferencia, Fidel llevó a Cabral por tres días a la sierra del Escambray. Le mostró cómo la revolución había transformado las condiciones de vida de los campesinos, y cómo en el Escambray habíamos derrotado a los bandidos contrarrevolucionarios apoyados por el gobierno de Estados Unidos.

Amílcar le habló a Fidel de la lucha que ellos llevaban contra el colonialismo portugués, de sus avances y sus dificultades.

Fidel en seguida comprendió los desafíos que Cabral estaba describiendo. Le prometió que Cuba enviaría instructores de artillería y médicos. También les faltaba transporte, así que Fidel prometió camiones y mecánicos. El primer grupo de cubanos llegó a Guinea-Bissau a mediados de 1966.

El criterio de Fidel, como el criterio de Che, era que si existía un movimiento de liberación en África con verdaderas posibilidades de triunfar, era el PAIGC. Y que una victo-

---

* Ver fragmentos del discurso en las pp. 54–55.

ria en Guinea-Bissau le daría un gran impulso a las luchas en las otras colonias portuguesas, Angola y Mozambique.

WATERS: Cabral gozaba de mucho respeto entre los luchadores antiimperialistas de toda África.

DREKE: A Amílcar lo respetaban no solo los pueblos de Guinea-Bissau y Cabo Verde, sino los movimientos de liberación en todo el continente.

Por ejemplo, él fue a Congo-Brazzaville en 1966 para un encuentro de dirigentes de la Conferencia de Organizaciones Nacionalistas en las Colonias Portuguesas, que incluía a Angola, Mozambique y Guinea-Bissau. Visitaron un campamento donde instructores cubanos estaban entrenando a combatientes del MPLA, el Movimiento Popular para la Liberación de Angola. Ahí hicieron un acto, y escogieron a Amílcar para dar el discurso a nombre de toda la delegación. En ese discurso, él agradeció a los internacionalistas cubanos por su solidaridad.*

MARTÍN KOPPEL: ¿Cuáles eran los antecedentes de Cabral?

DREKE: Amílcar nació en Bafatá, la segunda ciudad de Guinea-Bissau, y creció en Cabo Verde. Recibió una beca para cursar estudios universitarios en Portugal y se graduó con diploma de agrónomo. Las autoridades portuguesas pensaban prepararlo para que fuera un explotador de su propia gente, como habían hecho con otros dirigentes en sus colonias. Amílcar aprovechó su preparación universitaria, pero no se vendió.

Fue el primer agrónomo africano, no solo en Guinea-Bissau sino en África. Y utilizó sus conocimientos científi-

---

* Ver fragmentos del discurso que Cabral dio en Brazzaville en las pp. 55–56.

Cabral: 'La Revolución Cubana ofrece lecciones para luchas de liberación'

De su discurso a la Conferencia Tricontinental en La Habana (enero 1966)

Si alguno de nosotros llegó a Cuba con dudas sobre el carácter arraigado, la fuerza, la madurez y la vitalidad de la Revolución Cubana, esas dudas fueron despejadas por lo que ya hemos presenciado. Una certeza inquebrantable calienta nuestros corazones y nos alienta en esta difícil pero gloriosa lucha contra el enemigo común.

Ninguna fuerza en el mundo podrá destruir la Revolución Cubana, que en el campo y en las ciudades está creando no solo una nueva vida, sino —lo que es más importante— un Hombre Nuevo, plenamente consciente de sus derechos y deberes nacionales, continentales e internacionales. En todos los campos de su actividad, el pueblo cubano ha logrado importantes avances en los últimos siete años... Estos avances se manifiestan tanto en la realidad material y cotidiana como en el hombre y la mujer de Cuba, en la confianza serena de su mirada frente a un mundo en efervescencia...

La vanguardia de la Revolución Cubana ha movilizado, organizado y educado políticamente al pueblo, lo ha mantenido permanentemente informado sobre los problemas nacionales e internacionales que afectan su vida, y lo ha llevado a participar activamente en la solución de esos problemas...

Es una lección para todos nosotros, pero especialmente para los movimientos de liberación nacional, y específicamente para aquellos que quieren que su revolución nacional sea una verdadera revolución...

Las actuales luchas de liberación nacional en el mundo —especialmente en Vietnam, el Congo y Zimbabue— así como los conflictos y las convulsiones en algunos países que se independizaron por la llamada vía pacífica, nos muestran no solo que la conciliación con el imperialismo es contraproducente, sino que la vía normal hacia la liberación nacional, impuesta al pueblo por la represión imperialista, es la lucha armada.

Ya estamos luchando, con las armas en la mano, contra las fuerzas coloniales portuguesas en Angola Guinea-Bissau y Mozambique, y nos disponemos a hacer lo mismo en Cabo Verde y Santo Tomé y Príncipe. Por eso dedicamos la mayor atención al trabajo político entre nuestros pueblos, mejorando y fortaleciendo cada día nuestras organizaciones nacionales... Por eso estamos en Cuba, presentes en esta conferencia.

De un discurso a combatientes internacionalistas cubanos en Congo-Brazzaville (agosto 1966)

Quiero agradecerles, en nombre de los dirigentes de las organizaciones nacionalistas en las colonias portuguesas, la acogida fraternal que ustedes nos han dado. Es una prueba más de la solidaridad activa del pueblo y del Partido [Comunista] de Cuba... Es una muestra evidente de los profundos lazos, no solo históricos sino de sangre, que unen a los cubanos con África... Recuerdo una conversación en Cuba con Fidel, quien me dijo que Cuba también es África...

Apenas a 90 millas [de Estados Unidos], el pueblo cubano supo librarse de la dominación extranjera, supo crear su propio país. Y hoy, aun cuando tiene que resolver sus propios problemas, ayuda a otros pueblos a liberarse y a construir una nación. Representa un ejemplo singular.

El PAIGC colabora íntimamente con el pueblo cubano y está muy orgulloso de eso... Les garantizo que vamos a derrotar completamente al colonialismo portugués en nuestro país...

Nuestra lucha no vale nada si no está estrechamente ligada a las de los otros pueblos en las colonias portuguesas. Consideramos que todas las victorias en Angola y Mozambique son también victorias de Guinea...

Envío nuestros mejores deseos a vuestras familias, que se encuentran tan lejos. Deben estar orgullosas de vuestros esfuerzos y sacrificios aquí para cumplir lo que dijo Fidel: "El mundo entero es un campo de batalla contra el imperialismo".

cos y técnicos para familiarizarse a fondo con las condiciones económicas, sociales y geográficas de su país.

Mientras estudiaba en la universidad de Lisboa, participó en actividades políticas con otros estudiantes africanos.

WATERS: Crispina Gomes, la embajadora de Cabo Verde aquí en Cuba, nos dijo, riendo, que los portugueses cometieron el error de juntar en Lisboa a jóvenes africanos de todas sus colonias: Angola, Mozambique, Guinea-Bissau,

Cabo Verde. Ellos llegaron a conocerse y comenzaron a organizarse y a debatir entre sí cómo llevar adelante la lucha independentista cuando regresaran a sus países de origen.

DREKE: Se podría decir que los portugueses ayudaron en ese proceso. Parece que fueron víctimas de sus propios prejuicios. No podían entender que había jóvenes en sus colonias que no iban a venderse, que se juntarían. Fue ahí donde Amílcar conoció a Agostinho Neto, que llegó a ser el máximo dirigente del MPLA en la lucha por la independencia de Angola.

Después de regresar a Bissau, Amílcar y otros guineanos y caboverdianos fundaron el PAIGC en 1956 para comenzar una lucha por la independencia contra Portugal. Participaron en luchas sindicales. Hubo una huelga importante de los obreros portuarios, que fue salvajemente reprimida por las fuerzas coloniales. Entonces decidieron que el movimiento tenía que llevar a cabo una lucha armada para alcanzar su libertad.

WATERS: ¿Cuándo comenzó tu participación en la lucha de Guinea-Bissau?

DREKE: Poco después de nuestro regreso del Congo en noviembre de 1965, fui designado responsable de la Unidad Militar 1546, que era del Ministerio del Interior. En esa unidad se preparaba militarmente a los internacionalistas cubanos que salían a cumplir misiones en el exterior, y también a miembros de grupos revolucionarios de otros países, especialmente de América Latina. Durante los años 60, combatientes de diferentes países recibieron entrenamiento militar en Cuba. No les dimos instrucción política; cada grupo tenía su propia línea política y nosotros no interferíamos con eso.

Yo estaba en esa unidad cuando Fidel me pidió que encabezara la misión militar en Guinea-Bissau. Me recomendó que llevara a algunos de los mejores hombres de la campaña del Congo. Entre los que me acompañaron estaban Erasmo Videaux, Reynaldo Batista y Eduardo Torres Ferrer, "Coqui". A solicitud de Amílcar Cabral, la mayoría de los compañeros que fueron a Guinea-Bissau eran negros. Era para que no se diferenciaran de la población.

WATERS: ¿Cómo encontraste la situación en Guinea-Bissau comparada con la experiencia que habían tenido en el Congo?

DREKE: Notamos las diferencias desde que llegamos. Era evidente que en Guinea-Bissau la victoria era posible.

La guerra de liberación había avanzado desde su inicio en 1963. El régimen colonial portugués había aumentado su fuerza militar de 5 mil efectivos hasta 20 mil. Y eran brutales hacia la población civil. Pero cuando nosotros llegamos, los guerrilleros ya controlaban una tercera parte del país. Habían creado zonas liberadas. Ahí organizaban y movilizaban a la población.

La lucha la dirigía el PAIGC, una organización fuerte y disciplinada. Amílcar Cabral era su principal dirigente. Él seguía una línea política clara y tenía mucha autoridad.

Amílcar logró unificar al movimiento en Guinea-Bissau. También unió a los combatientes guineanos con los caboverdianos. Esto era muy distinto de otros países africanos, donde lamentablemente vimos las divisiones en los movimientos de liberación, sobre todo divisiones basadas en las etnias.

KOPPEL: Cabral hizo un comentario en 1972, dos años antes de la independencia: "Hace 10 años éramos fulas, manjacos, mandingas, balantas, pepels y otros. Ahora somos una nación de guineanos". ¿Podrías comentar al respecto?

DREKE: Amílcar logró forjar la unidad de las diferentes etnias. En Guinea los grupos más grandes son los balantas y los fulas. También están los otros que mencionaste, así como los bijagós, que son un pueblo isleño.

Los guineanos y los caboverdianos tienen cada uno su propia historia y cultura, pero lucharon juntos por la independencia en una sola organización. João Bernardo Vieira, "Nino", uno de los comandantes más destacados, era pepel. Aristides Pereira, el segundo de Amílcar, era caboverdiano. Después de la independencia fue elegido el primer presidente de Cabo Verde.

Amílcar luchó por la participación más amplia posible en el PAIGC. Eso contribuyó al triunfo de la lucha por la independencia. A través de esa lucha, como él dijo, nació la nación de Guinea-Bissau.

2. Los primeros años de la misión internacionalista cubana

WATERS: ¿Cómo estaba la lucha en Guinea-Bissau cuando llegaste?

DREKE: Llegamos en febrero de 1967. Era un momento crítico. El primer grupo de internacionalistas cubanos había estado ahí desde mayo del año anterior, y después el PAIGC fue intensificando sus acciones. En noviembre de 1966, combatientes del PAIGC, acompañados de un grupo de compañeros cubanos, atacaron el cuartel portugués en Madina do Boé. El ataque fue repelido y sufrieron muchas bajas. Domingos Ramos, el comandante del Frente Este, murió en combate. Esa pérdida trajo grandes dificultades. Era el primer comandante que caía en combate.

En respuesta, Fidel ofreció más ayuda, y Amílcar la aceptó. Con el refuerzo del que yo formé parte, pronto llegamos a tener 60 compañeros. Había instructores de artillería, médicos, choferes y mecánicos.

Creamos tres centros de entrenamiento para los combatientes. Nuestros instructores no solo entrenaban. También combatían junto a los guineanos.

'Tenemos una misioncita para ti'

Fidel Castro mandó llamar a Víctor Dreke, veterano de la guerra contra Batista y mano derecha de Che Guevara en Zaire [Congo] en 1965...

"Fidel me dijo: 'Tienes que encargarte de la misión militar en Guinea'". También lo instó a que llevara consigo a algunos de los hombres que habían estado con él en Zaire, "a los mejores".

Unos días después, Dreke llamó a uno de ellos, Erasmo Videaux, que estaba a cargo del campamento de entrenamiento militar de la UM [Unidad Militar] 1546 en Baracoa.

Videaux recuerda: "Dreke me preguntó, '¿Cómo te va?' Le respondí: 'Bien'".

Dreke: "¿Y tu vieja?"

Videaux: "También".

Dreke: "Tenemos una misioncita por ahí. Prepárate".

Al día siguiente, Videaux voló a Santiago a despedirse de su madre. "Le dije que iba a pasar otro curso a la Unión Soviética". (Lo mismo le había dicho cuando había ido a Zaire). "Nuestras familias estaban acostumbradas a las partidas súbitas".

—*Tomado de* Misiones en conflicto: La Habana, Washington y África, 1959–1976, *por Piero Gleijeses*

Amílcar insistió desde un principio en que no quería soldados de otros países. Decía que la guerra la tenían que hacer los propios guineanos. Tenían que aprender a defender su patria. Si algo no te cuesta mucho, no lo vas a defender tanto. Pero si lo logras por tus esfuerzos, eso lo vas a defender.

Y es lo que habíamos hecho los cubanos en nuestra revolución. No pedimos a nadie que nos liberara. Lo hicimos nosotros, el pueblo cubano, dirigido por Fidel Castro y el Ejército Rebelde.

Amílcar dijo, "No, solo quiero instructores y médicos". Instructores porque tenían armas de artillería pero necesitaban aprender a manejarlas. Médicos porque no los tenían.

Hay que recordar que el colonialismo portugués había dejado a Guinea-Bissau sin nada. Casi sin escuelas, un 99 por ciento de analfabetismo. Tenían algunas enfermeras, pero no había médicos guineanos. Nuestros médicos atendían a los combatientes heridos y también a la población civil en las zonas liberadas.

Los guerrilleros no tenían camiones. Les enviamos camiones, choferes, y mecánicos, y ellos enseñaron a los compañeros guineanos a conducir y repararlos.

Uno de nuestros compañeros —Carlos el Flaco, le decían— mantenía y reparaba la radioemisora del PAIGC. Trabajaba con Amélia Araújo, la presentadora de Radio Libertação [Liberación], que se transmitía desde Conakry. Los programas de radio —en portugués, creole y otros idiomas guineanos— eran muy importantes para llegar a la población, debido al alto nivel de analfabetismo. También dirigían programas hacia los soldados portugueses, que eran mayormente reclutas, para explicar por qué ellos también eran víctimas del régimen portugués y tenían un interés en poner fin a la guerra.

La mayoría de los cubanos eran artilleros. Algunos eran especialistas en colocar minas. Enseñaron a los guerrilleros a usar morteros, bazucas y otras armas que recibían de la Unión Soviética.

WATERS: En su libro *Misiones en conflicto*, Piero Gleijeses dice que los jefes de batería tenían que tener conocimientos avanzados de matemáticas para apuntar sus armas.

DREKE: Sí, los combatientes estaban en la selva, y con el follaje tupido no podían ver directamente al enemigo. Los caboverdianos, sobre todo, llegaron a ser muy buenos artilleros. Los jefes de batería eran cubanos, porque necesitaban hacer cálculos matemáticos, trigonometría, para dirigir a sus morteristas.

WATERS: ¿Cómo entraban los cubanos a Guinea-Bissau?

DREKE: Entrábamos por Guinea-Conakry, cruzando la frontera hacia el Frente Sur. Para llegar al Frente Norte no era posible entrar desde Senegal, porque el gobierno senegalés de Léopold Senghor —a diferencia de Sékou Touré en Guinea-Conakry— no lo permitía.

La misión militar cubana tenía la sede en Conakry. Como jefe de la misión, yo viajaba a menudo a los tres frentes en Guinea-Bissau. Para llegar al norte había que atravesar todo el país desde el sur, pasando por la selva.

WATERS: ¿A pie?

DREKE: Mayormente a pie. En muchos lugares no había otra manera de viajar. Para llegar al norte, cerca de la frontera con Senegal, había que cruzar en lanchita el río Farim; hoy se llama el Cacheu. Era peligroso porque las tropas portuguesas patrullaban el río en barcazas y a veces emboscaban a los combatientes rebeldes cuando cruzaban.

En una ocasión viajé con Pina, a quien yo había nombrado jefe de nuestros combatientes en el Frente Norte. Pina —su nombre real es Alfonso Pérez Morales— había llegado a Guinea-Bissau con el primer grupo de cubanos. La gente decía que era “casi guineano”. Había aprendido

"¿Qué enseña la Revolución Cubana? Que la revolución es posible". —SEGUNDA DECLARACIÓN DE LA HABANA, 1962

GRANMA

ARRIBA: Combatientes del Ejército Rebelde dirigidos por Fidel Castro entran a La Habana el 8 de enero de 1959, una semana tras ser derrocada la dictadura de Batista. El nuevo gobierno revolucionario movilizó al pueblo trabajador para transformar la sociedad y brindar solidaridad a nivel mundial.

ABAJO: Ante un millón de cubanos, Fidel presenta la Segunda Declaración de La Habana el 4 de febrero de 1962, después de que Washington impuso una prohibición casi total del comercio con Cuba. El manifiesto fue un llamado a la acción dirigido a luchadores antiimperialistas y revolucionarias por toda América.

RADIO REBELDE

“La Revolución Cubana ha sido internacionalista desde el principio. Nuestras primeras misiones en el exterior fueron a África”. —VÍCTOR DREKE

CIENCIAS SOCIALES

Ernesto Che Guevara con médicos y enfermeros en Argelia, julio 1964. El gobierno cubano envió voluntarios de la salud a trabajar en la recién independizada Argelia, así como combatientes para frenar un ataque del gobierno marroquí instigado por Washington en 1963.

CORTESÍA DE VÍCTOR DREKE

Víctor Dreke (izq.) con Rafael Zerquera (centro) y Che Guevara en el Congo, 1965. Guevara dirigió a 130 internacionalistas cubanos que se sumaron a combatientes antiimperialistas congoleses. Dreke fue el segundo jefe de la columna cubana.

EDITORA POLÍTICA

Constructores cubanos ayudan a vietnamitas a ampliar la Ruta Ho Chi Minh, 1974. Los luchadores por la liberación la usaron para transportar tropas y suministros durante guerra contra fuerzas invasoras norteamericanas, a las que lograron expulsar en abril de 1975.

FLORIAN PLAUCHEUR/GETTY IMAGES

Internacionalistas médicos cubanos llegan a Freetown, Sierra Leona, octubre 2014. En pocos meses, unos 250 voluntarios cubanos ayudaron a erradicar la mortífera epidemia del ébola en Guinea-Conakry, Liberia y Sierra Leona.

"Si había un movimiento de liberación en África con posibilidades de triunfar, era el Partido Africano por la Independencia de Guinea y Cabo Verde dirigido por Amílcar Cabral. Ese era el criterio de Fidel y de Che". —VÍCTOR DREKE

ARQUIVO LÚCIO LARA, ASSOCIAÇÃO TCHIWEKA DE DOCUMENTAÇÃO (LUANDA, ANGOLA)

Brazzaville, República del Congo, enero 1965. Che Guevara se reúne con Agostinho Neto (derecha) y otros dirigentes del MPLA durante su recorrido de tres meses por África. También se reunió con Cabral en Conakry, Guinea.

FMSMB/CASA COMUM-AMÍLCAR CABRAL

La Habana, enero 1966. Amílcar Cabral y otros dirigentes del PAIGC en la Conferencia Tricontinental, a la que concurrieron luchadores antiimperialistas de todo el mundo. Desde la derecha: Cabral, Domingos Ramos, Pedro Pires, Joaquim Pedro Silva ("Baro") y Vasco Cabral.

CORTESÍA DE VÍCTOR DREKE

Después de la Tricontinental, Fidel Castro invitó a Amílcar Cabral a visitar la sierra del Escambray por tres días. Fidel le mostró cómo la revolución había transformado las condiciones de vida en el campo. Prometió enviar instructores de artillería y médicos para ayudar a los independentistas guineanos y caboverdianos.

Brazzaville, agosto 1966. Cabral habla en campamento donde voluntarios cubanos entrenaban a combatientes del MPLA para la guerra de independencia en Angola. Agradeció a los cubanos por su solidaridad internacionalista.

“El pueblo cubano supo librarse de la dominación extranjera. Hoy ayuda a otros pueblos a liberarse. Es un ejemplo singular”. —AMÍLCAR CABRAL, AGOSTO 1966

CORTESÍA DE VÍCTOR DREKE

Frente Este, Guinea-Bissau, 1967. Combatientes cubanos durante guerra de independencia. Cabral dijo a los cubanos, “Ustedes están cumpliendo lo que dijo Fidel: ‘El mundo entero es un campo de batalla contra el imperialismo’”.

CORTESÍA DE VÍCTOR DREKE

Frente Norte, 26 de julio de 1967. Víctor Dreke (centro) habla a combatientes del PAIGC, pobladores e instructores cubanos. El evento conmemoraba el aniversario 14 del asalto al cuartel Moncada de 1953, que dio inicio a la victoriosa lucha revolucionaria en Cuba.

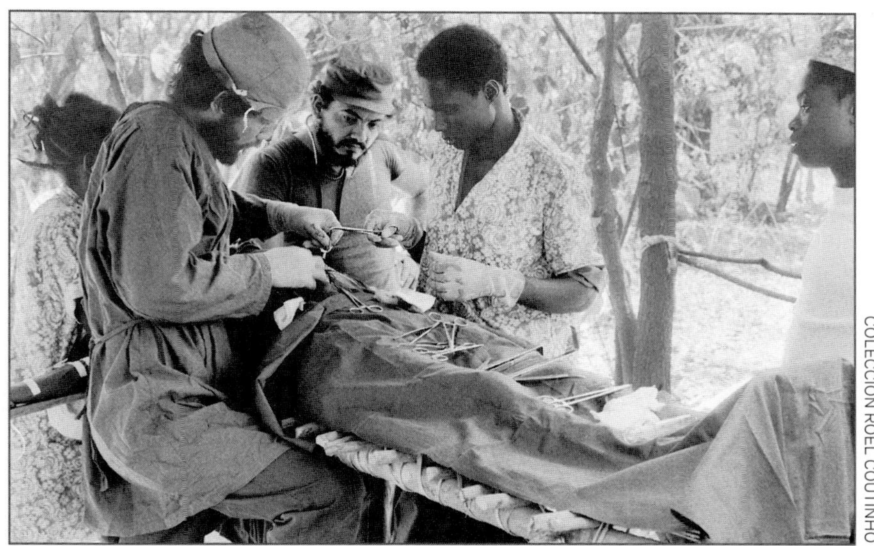

COLECCIÓN ROEL COUTINHO

El médico cubano Domingo Díaz realiza cirugía y entrena a enfermeros guineanos en hospital de campaña en Sará, Guinea-Bissau. Los médicos internacionalistas "se ganaron el corazón de nuestros combatientes y nuestro pueblo", dijo Luís Cabral, dirigente del PAIGC.

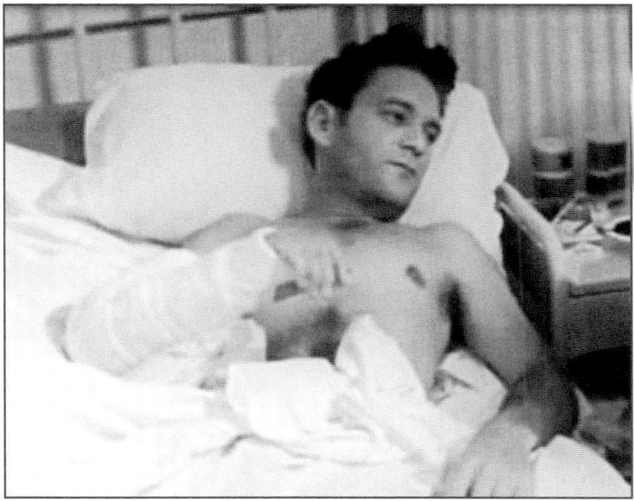

El combatiente cubano Pedro Rodríguez Peralta en hospital tras ser capturado por el ejército portugués en Guinea-Bissau, 1969. Condenado a 10 años de prisión en Lisboa, fue excarcelado en 1974 al caer el régimen fascista portugués. Rodríguez Peralta luego fue condecorado con la Medalla Amílcar Cabral por el gobierno de Guinea-Bissau.

“Fidel insistía en que son los dirigentes en cada país que deciden cómo librar su lucha. Siempre hemos respetado esas decisiones. Así lo hicimos en Guinea-Bissau”. —VÍCTOR DREKE

FMSMB/CASA COMUM-AMÍLCAR CABRAL

Delegación del PAIGC asiste a evento en embajada cubana, Conakry, Guinea, 1967. Desde la izq.: Amílcar Cabral, Ana María Cabral, Víctor Dreke, Carlina Pereira y Oscar Oramas, embajador cubano. Cabral solicitó ayuda de combatientes cubanos “porque sabía que podía confiar en nosotros”, dijo Dreke. “Éramos compañeros de lucha”.

FMSMB/CASA COMUM-AMÍLCAR CABRAL

Combatientes del PAIGC e internacionalistas cubanos. Los cubanos “levantaron nuestra moral”, dijo el comandante Duke Djassi. “Estos hombres habían cruzado el océano para venir en nuestra ayuda. Vivían con nosotros, compartían nuestros sacrificios”.

DERVIS ESPINOSA

Jóvenes miembros del PAIGC participan en brigada de trabajo agrícola voluntario mientras cursan estudios en Cuba, 1967.

JORGE FUENTES

Instructor cubano enseña a combatientes del PAIGC a apuntar mortero de 120 mm. Estos armamentos se usaron en el ataque al cuartel portugués de Guiledje, donde se dio batalla decisiva en ofensiva que derrotó al ejército colonialista, 1973.

“Amílcar afirmaba que una vez que Guinea-Bissau se liberara, ellos seguirían apoyando la lucha por la independencia de Cabo Verde”. —VÍCTOR DREKE

FUNDACIÓN AMÍLCAR CABRAL, CABO VERDE

Parte del grupo de caboverdianos, 30 hombres y una mujer, que recibieron adiestramiento militar en Cuba. En 1967 regresaron a África para incorporarse a la guerrilla en Guinea-Bissau.

Praia, Cabo Verde, febrero 1975. Efusiva bienvenida para Aristides Pereira, dirigente del PAIGC, tras victoria en guerra de independencia. Pereira fue el primer presidente del país.

YUTAKA NAGATA/FOTO ONU

muy rápido a hablar creole como los nativos y era muy respetado. Más tarde Pina fue nuestro primer embajador en una Guinea-Bissau independiente.

Al anochecer llegamos a un campamento donde había combatientes cubanos. Resulta que era el 26 de julio de 1967, aniversario del asalto al cuartel Moncada, una fiesta nacional en Cuba. Pina propuso que siguiéramos hasta otro campamento, cerca del pueblo de São Domingos, para poder celebrar junto a los guineanos.

Cuando estábamos llegando al segundo campamento, los portugueses atacaron el primero. No cabe duda de que la PIDE, la policía secreta portuguesa, tenía información sobre nuestra presencia que habían recibido de espías entre la población.

Esa noche hicimos una pequeña celebración: nuestros combatientes con los combatientes del PAIGC y los pobladores, muchos de los cuales eran campesinos. Yo di un pequeño discurso en español sobre lo que celebrábamos, y Pina me tradujo al creole. Todavía tengo la foto [ver la primera sección de fotos en este libro]. Fue la primera vez que celebramos el 26 de julio en una zona de combate en Guinea-Bissau.

En el viaje de regreso, Pina y otros compañeros nos acompañaron hasta la orilla del río Farim, que en algunos trechos es muy ancho. Antes de que llegáramos, una unidad del PAIGC realizó un peine de la zona para asegurar de que era seguro.

Cruzamos de noche al otro lado, en una lanchita sin motor, para no hacer bulla. Pudimos cruzar sin problemas.

3. Lo que aprendimos en Guinea-Bissau

WATERS: ¿Cuáles fueron algunas de las cosas que ustedes aprendieron de la lucha en Guinea-Bissau?

DREKE: Llegamos con la experiencia que teníamos del Congo. Ya teníamos un poco más de conocimientos sobre África, sobre las realidades del dominio colonial e imperialista. Pero cada país tiene su historia y sus condiciones materiales. Ya mencioné algunas diferencias entre las luchas en el Congo y en Guinea-Bissau. El movimiento dirigido por Amílcar Cabral era una sola organización, una dirección unida con cuadros serios. Luchaba para superar los problemas del tribalismo que habíamos visto en el movimiento del Congo.

También había diferencias entre Guinea-Bissau y nuestras experiencias en la Revolución Cubana. Quedamos impresionados con la organización que Amílcar había formado. Pero llegamos con ciertas ideas sobre la lucha que eran diferentes de las suyas.

Fidel siempre insistía en que los dirigentes en cada país son los que deciden la forma de librar su lucha, y que nosotros siempre debemos respetar esas decisiones. Eso fue lo que hicimos. Yo le hacía propuestas a Amílcar. Él me escuchaba, sin decir sí o no. A veces seguía mi consejo, a veces no. Pero él tomaba su propia decisión.

Les doy unos ejemplos. El movimiento de liberación decide un buen día reclutar a un grupo de jóvenes. Van a un pequeño poblado y de allí se llevan a seis muchachos para el campamento. Eso yo no lo entiendo. "¿Cómo vamos a incorporar a alguien obligado?" le pregunto a Amílcar. "No se puede obligar a nadie a luchar. Hay que convencerlos primero". Le digo que esa había sido nuestra experiencia en el Ejército Rebelde.

Amílcar me escucha con mucho respeto. Recuerden que él era una persona de mucha experiencia y yo era un muchacho —aún no cumplía los 30 años— y era nuevo en ese país. Me responde: "Lo que me dices es cierto. Pero aquí eso no siempre se puede hacer. Porque a veces vienen los *tugas* [soldados portugueses] y se los llevan a la fuerza, y los hacen soldados del ejército portugués para que luchen contra nosotros. Tenemos que incorporarlos a nuestra tropa antes de que se los lleven los tugas".

El PAIGC, respetando las costumbres, primero hablaba con el jefe de la aldea, el *homem grande* [hombre grande], y le explicaba la situación. Entonces el jefe por lo general daba su consentimiento para que reclutaran a los muchachos.

Al mismo tiempo, Amílcar enseñaba a sus cuadros que eran ante todo un movimiento político, no militar. Los jefes siempre explicaban por qué estaban peleando, cuáles eran sus objetivos. Los combatientes llegaban a ser combatientes conscientes y dedicados. Amílcar les inculcaba valores éticos: de no usar métodos de terror. De no cometer abusos contra los civiles o contra los soldados del enemigo. Eso era diferente de lo que veíamos en algunos países.

Amílcar cuidaba mucho a sus cuadros. Protegía a los jefes militares. El movimiento luchaba bajo condiciones muy diferentes de las nuestras.

Él me decía, "Ustedes en Cuba tienen muchos comandantes, muchos capitanes. Pero si me matan a uno de mis comandantes, es muy difícil sustituirlo. Casi no hay oficiales nuestros que saben leer y escribir. Y cuando logro tener uno —y uno que sea valiente y que las tropas respeten— tengo que cuidarle la vida".

Como mencioné antes, Domingos Ramos, el comandante del Frente Este, cayó en un ataque al cuartel de Madina do Boé. Era un hombre de una gran moral combativa, miembro del Buró Político del PAIGC. Era uno de los pocos combatientes que sabían leer y escribir. Amílcar lo tuvo que sustituir con Nino Vieira, que era comandante del Frente Sur y muy capaz. Sacar a Nino de ese frente fue una decisión muy difícil.

WATERS: ¿Cabral pasaba mucho tiempo en Guinea-Bissau?

DREKE: Él entraba y salía del país. Cuando había actos o reuniones importantes, él los organizaba y participaba. Participó en algunas acciones combativas. Asumía la responsabilidad y supervisaba cada detalle de la guerra, en colaboración con los comandantes en el terreno.

Pero Amílcar se enfocaba mucho en obtener apoyo internacional. Esas actividades lo mantenían lejos del frente; no dirigía las operaciones militares en persona. Eso nos inquietaba, porque nuestra formación y nuestra experiencia

'No queremos un pueblo sanguinario'

Al comienzo de nuestra lucha había compañeros que nos sugerían que, en el marco general de nuestra lucha, cometiéramos ciertas atrocidades. Pero rechazamos eso. En nuestra lucha no hay ninguna de esas cosas que han ocurrido en otros países africanos. Cualquiera que fuese la justificación de un africano, ¿sería una razón para matar a mujeres, matar a niños, solo por ser blancos?*

Lo hemos rechazado de una vez por todas. ¿Por qué? Porque queremos llevar a cabo una resistencia política que beneficie a nuestro pueblo. No queremos que nuestro pueblo sea sanguinario, derramando sangre solo por hacerlo. Si se derrama sangre, que sea por una razón política, para servir el futuro de nuestro país.

—Amílcar Cabral, de un discurso a cuadros del PAIGC noviembre 1969

nos enseñaban que el líder tenía que estar en el frente. Ese es el ejemplo que nos dieron Fidel, Raúl y Che.

Pero era cierto, como nos señalaban los compañeros del PAIGC, que la lucha en Guinea-Bissau no era muy conocida en el mundo. No era como Vietnam. Tenían que romper lo que Amílcar llamaba "el muro del silencio".

---

* En marzo de 1961, el Frente Nacional para la Liberación de Angola (FNLA) de Holden Roberto, una organización —conocida en esa época como Unión de Pueblos Africanos— que se oponía al coloniaje portugués, atacó fincas en el norte de Angola. El grupo, que se basaba en la tribu bakongo, masacró a mil colonos portugueses y a 6 mil trabajadores bajo contrato que pertenecían a la tribu ovimbundu. El ejército portugués y colonos armados respondieron destruyendo decenas de aldeas

Cabral era el dirigente con la mayor autoridad y capacidad para ir a otros países y explicar su lucha, para denunciar las atrocidades que cometían los portugueses. Él hablaba en conferencias y se reunía con dirigentes en África, Europa, Asia, Estados Unidos. Hablaba ante Naciones Unidas. Eso les permitió obtener apoyo político y ayuda material como armas y medicinas.

Para tratar de minimizar las bajas, el PAIGC llevaba a cabo una guerra de desgaste contra los portugueses. Nosotros preferíamos una estrategia más agresiva, pero aceptamos sus decisiones. Ellos querían evitar lo que había pasado en ese asalto a Madina do Boé. "Los portugueses no van a poder sostener esta guerra por tanto tiempo", decía Amílcar. "Los vamos a vencer por el tiempo".

Él les decía a sus comandantes cuántas balas disparar. Al principio yo me preguntaba, ¿por qué tiene que decirle a un jefe militar, "Tal día, tal hora, ataca tal posición. Tira 25 bazucazos y 20 morterazos. En realidad, 20 hubiera sido mucho. Muchas veces eran dos o tres.

Cuando le pregunté, Amílcar me contestó, "No, Moja. Aquí es no es como en Cuba. Si yo dejo que los combatientes nuestros tiren, se gastan todas las municiones. Tienen que aprender".

"Está bien", le dije. "Pero cuando nosotros hicimos la guerra contra el ejército de Batista, les quitábamos los fusiles y las municiones a los soldados".

---

y matando a 20 mil residentes de la zona. Cabral no solo denunció la sangrienta matanza portuguesa sino que condenó la masacre cometida por el FNLA como "violencia gratuita, indiscriminada".

Después de que Angola se independizó en 1975, el FNLA, apoyado por Washington, se alió con el régimen sudafricano del apartheid y su fallida guerra para derrocar al gobierno angolano encabezado por el MPLA.

"Sí", decía Amílcar. "Eso lo hacíamos al principio. Pero ahora los soldados portugueses ya no salen de los cuarteles. ¿Entonces cómo les quitamos las armas?"

Eso era exactamente lo que ocurría. El PAIGC controlaba la mayoría del territorio, del campo. Entonces los portugueses lanzaban ataques aéreos, pero los soldados se encerraban en los cuarteles.

Amílcar siempre tenía una respuesta a nuestras preguntas. Con el tiempo, veías que lo que te había dicho era cierto. Él conocía a su país y a su gente.

4. Relaciones de respeto mutuo

WATERS: En *Misiones en conflicto*, el autor Piero Gleijeses cita a un comandante guineano que dijo que los cubanos "levantaban nuestra moral. Ahí estaban hombres que habían cruzado el océano para venir en nuestra ayuda. Vivían con nosotros; compartían nuestros sacrificios". ¿Qué puedes decirnos al respecto?

DREKE: Sí, nuestros compañeros vivían en los mismos campamentos con los combatientes guineanos. Compartíamos la comida. Combatíamos juntos. Eso nos fue uniendo más en la lucha. Nos permitió apreciar y comprender mejor al pueblo guineano. Aprendimos unos de otros.

Amílcar no dejaba que nadie le impusiera ideas sobre la forma de lucha. Pero le pidió a Fidel que enviara instructores y médicos, porque sabía que podía confiar en nosotros. Éramos compañeros de lucha.

WATERS: ¿Cuba fue el único país que envió combatientes?

DREKE: Sí. El PAIGC buscaba apoyo de diferentes países. La Unión Soviética, China, Checoslovaquia y otros países les dieron armamentos, medicamentos, alimentos y becas.

También recibieron ayuda material de Guinea-Conakry, Argelia, Egipto, Yugoslavia y Suecia. Esa ayuda fue vital. Pero nuestros compañeros fueron los únicos que combatieron junto a los guineanos. Esa fue la decisión de Amílcar.

Los instructores cubanos entrenaban a los guineanos a utilizar las armas soviéticas. En cada uno de los tres frentes, un oficial cubano trabajaba junto al comandante del PAIGC y hacía de asesor.

Ulises Estrada, el oficial del Ministerio del Interior responsable de nuestro apoyo al PAIGC y a otras luchas de liberación nacional en África, fue a Guinea-Bissau. Estaba justo al lado de Domingos Ramos durante la batalla de Madina do Boé cuando Domingos cayó muerto por fuego enemigo. Ulises, que por poco también muere, lo llevó en un camión y cruzó la frontera hasta Boké, en Guinea-Conakry, para que su cadáver no cayera en manos portuguesas. Fue una acción muy arriesgada.

También Conchita Dumois fue a Guinea-Bissau como oficial de inteligencia del Ministerio del Interior. Era la primera mujer que participaba en una misión militar cubana en África. Yo la respetaba mucho. En diferentes momentos estuvo en Madina do Boé y otros campamentos guerrilleros del Frente Este.

WATERS: ¿Cuántos cubanos participaron en la guerra de independencia?

DREKE: Entre 1966 y 1974, cuando Guinea-Bissau logró su independencia, más de 400 cubanos participaron en la misión militar. Nueve cayeron en combate. Un médico, Miguel Ángel Zerquera, murió de paludismo.

Además, uno de nuestros combatientes, el capitán Pedro Rodríguez Peralta, fue capturado y estuvo preso cinco años en Portugal.

WATERS: ¿Qué le pasó?

DREKE: Eso fue en 1969. Yo ya había terminado la misión y había regresado a Cuba. Erasmo Videaux, el segundo jefe de la misión, había sido nombrado para sustituirme.

Pedrito había salido en una exploración con un compañero guineano. No había llevado una seguridad, lo cual era una violación de una orientación de Amílcar de que siempre fuéramos con una seguridad cuando estuviéramos fuera del campamento. Los portugueses habían recibido información sobre cubanos en Guinea-Bissau y ya nos habían estado buscando.

Ellos fueron sorprendidos por las fuerzas portuguesas. Se fajaron a tiros. Al compañero guineano lo mataron. Pedrito quedó herido y lo apresaron. Se lo llevaron a Lisboa.

En el juicio Pedrito se mantuvo firme como revolucionario. Insistió en que se había incorporado a la guerrilla por su propia cuenta. El fiscal no pudo demostrar que lo había enviado el gobierno cubano. Lo sentenciaron a 10 años de prisión. Nunca flaqueó.

Después de cinco años lo liberaron. Eso fue en 1974, después de la caída de la dictadura de Marcelo Caetano en la Revolución de los Claveles de 1974. Incluso, fue justo una semana después de que Guinea-Bissau lograra la independencia. A su regreso a Cuba, Fidel lo recibió en el aeropuerto. Más tarde Pedrito trabajó en el Ministerio del Interior, con el grado de coronel, y fue elegido al Comité Central del partido. El gobierno de Guinea-Bissau lo condecoró con la Medalla Amílcar Cabral.

WATERS: Luís Cabral, dirigente de la lucha independentista y el primer presidente de Guinea-Bissau, dijo que los médicos cubanos "se ganaron el corazón de nuestros com-

Guineanos y cubanos: lazos forjados en combate

Sabemos que pudimos combatir y triunfar porque otros países y pueblos nos ayudaron, con armas, con medicinas, con suministros. Pero hay un país que, además de apoyo material, político y diplomático, envió a sus hijos a luchar a nuestro lado, a derramar su sangre en nuestra tierra junto a la de los mejores hijos de nuestra patria.

Este gran pueblo, este pueblo heroico, todos sabemos que es el heroico pueblo de Cuba. La Cuba de Fidel Castro, la Cuba de la Sierra Maestra, la Cuba del Moncada. Cuba envió aquí a sus mejores hijos para ayudarnos en esta gran lucha contra el colonialismo portugués.

—Luís Cabral, presidente de Guinea-Bissau, al otorgar la Medalla Amílcar Cabral en 1977 al combatiente cubano Pedro Rodríguez Peralta

Los médicos cubanos realmente hicieron un milagro. Les estoy eternamente agradecida. No solo salvaron vidas, sino que arriesgaron las suyas. Eran verdaderamente generosos.

—Francisca Pereira dirigente y funcionaria de salud del PAIGC

Vine a este país de embajador con conocimiento de primera mano de la lucha difícil y gloriosa que llevaron a cabo contra el colonialismo portugués. Mi relación con ustedes no comenzó con mi nombramiento de embajador. Se forjó en el campo de batalla [como jefe de los voluntarios cubanos en el Frente Norte]. De modo que no me considero el primer embajador cubano en Guinea-Bissau. Los primeros embajadores fueron aquellos cubanos que vinieron voluntariamente a dar su modesta contribución a la lucha de liberación.

— Alfonso Pérez Morales ("Pina")
de su discurso de despedida como embajador cubano
Bissau, junio 1980

batientes y de nuestro pueblo". ¿Nos puedes decir más sobre esto?

DREKE: Antes de que llegaran los internacionalistas cubanos, el PAIGC no tenía médicos dentro de Guinea-Bissau, y solo algunas enfermeras. Cuando llegaron los médicos cubanos, empezaron a salvar muchas vidas, y eso levantó el ánimo de los combatientes. Ellos también mejoraron las condiciones para la población civil en las zonas liberadas.

Los médicos trabajaban en pequeñas clínicas o postas médicas. Algunos trabajaban en el hospital del PAIGC en Boké, en Guinea-Conakry, junto con unos médicos de otros países. En Guinea-Bissau casi todos los médicos eran cubanos.

En los Frentes Este y Sur, a los combatientes que necesitaban cirugía los llevaban a Boké. Los que estaban en el norte eran llevados a un pequeño hospital que tenía el PAIGC en el pueblo de Ziguinchor, en el sur de Senegal, donde trabajaba un médico que no era cubano. Si había que hacer cirugía, entonces un médico cubano cruzaba la frontera de noche para ir a Ziguinchor, hacía la operación y regresaba a Guinea-Bissau antes del amanecer. Era complejo, porque el gobierno de Senegal no dejaba entrar a cubanos a su territorio. Pero nuestros compañeros hacían eso.

Los médicos cubanos además impartían clases y entrenaban a jóvenes guineanas como enfermeras auxiliares. Los primeros enfermeros y enfermeras se entrenaron en el hospital de Boké. El trabajo lo supervisaba Carmen Pereira, una de las destacadas mujeres en la dirección del PAIGC, que estaba al frente del departamento de salud pública y además era responsable de la educación política en el Frente Sur.

KOPPEL: ¿Cómo eran las condiciones en las zonas liberadas?

DREKE: Eran difíciles, por supuesto. Los portugueses bombardeaban con sus aviones y helicópteros para tratar de aterrorizar a la población.

Pero el movimiento de liberación tenía el apoyo de la población. El PAIGC promovía la participación popular en diferentes actividades para mejorar las condiciones de vida. Amílcar ya tenía una idea del país que iban a construir después del triunfo. Comenzaron a crear elementos de esa estructura en los territorios liberados. Eso fue diferente de lo que habíamos visto en el Congo o en otras luchas de liberación nacional en África.

Además de los pequeños hospitales de campaña y clínicas, organizaron a la población para crear escuelas. Por primera vez, muchos niños estaban en las escuelas. La gente no solo aprendía a leer y escribir. Comenzó a vencer la superstición y el temor a la naturaleza que eran parte de las creencias tradicionales.

El PAIGC organizaba comités de aldea que eran elegidos por los pobladores. Los comités administraban cosas como la salud, las escuelas y la producción agropecuaria. Aseguraban la distribución equitativa del arroz, el principal cultivo alimenticio. Las mujeres jugaban un papel importante en los comités de aldea. Dos de los cinco miembros elegidos al comité tenían que ser mujeres.

Amílcar le daba mucha importancia a fomentar la participación de la mujer. Durante la guerra las mujeres no solo cumplían sus responsabilidades tradicionales de criar a los hijos y hacer la mayor parte del trabajo en el campo. Muchas eran transportadoras de armas, enfermeras, maestras, organizadoras políticas y diplomáticas. Algunas hacían trabajo de inteligencia y muchas eran combatientes, especialmente en las milicias locales. Trabajaban pacientemente para persuadir a los padres de que superaran las barreras tradicionales y mandaran a las hijas —no solo a los hijos— a la escuela.

Un buen número de mujeres tuvieron un papel dirigente. Ya mencioné a Carmen Pereira y Amélia Araújo. Francisca Pereira fue dirigente del PAIGC, y cuando Guinea-Bissau logró la independencia ocupó cargos importantes en el gobierno.

También estaba Titina —Ernestina Silá— jefa de una unidad de combate y responsable de la educación y organización política en el Frente Norte. Ella era muy respetada. Cuando a Amílcar Cabral lo asesinaron, Titina y otros compañeros fueron para el funeral en Conakry. Estaban cruzando el río Farim cuando fueron emboscados por una patrulla portuguesa y Titina murió. Ese día, el 30 de enero de 1973, se conmemora hoy como Día Nacional de la Mujer Guineana.

También los muchachos y hasta los niños participaban en la guerra. Llevaban los morteros por la selva. Iban a cazar para buscarles comida a los guerrilleros. Un muchacho de 12 años podía estar escondido, como centinela, y

Promoviendo igualdad de la mujer y su participación en lucha de liberación

Los siguientes son fragmentos de discursos y escritos de Amílcar Cabral dirigidos a miembros del Partido Africano por la Independencia de Guinea y Cabo Verde o a pobladores guineanos.

Hay que defender los derechos de las mujeres y asegurar que sean respetadas. Pero hay que convencer a las mujeres de nuestro país de que su liberación debe ser fruto de sus propios logros, de su trabajo, respeto propio, carácter y tenacidad frente a todo lo que atente contra su dignidad. (1965)

Vamos a colocar a mujeres en altos cargos, y queremos que estén en todos los niveles, desde los consejos de aldea hasta la dirección del partido. ¿Para qué? Para administrar nuestras escuelas y clínicas, para participar en igual medida en la producción, para combatir contra los portugueses cuando sea necesario… Las mujeres y las jóvenes irán a las aldeas como enfermeras o maestras, o trabajarán en la producción, o en las milicias de las aldeas…

Que nadie piense que estas mujeres jóvenes están a la venta como novias. Se casarán si así lo desean, pero no habrá matrimonios forzados. Cualquiera que haga eso es peor que los portugueses. (1966)

Algunos compañeros hacen todo lo posible para impedir que las mujeres tomen el mando, aun cuando hay mujeres que tienen más capacidad de dirigir que ellos.

No quieren entender que la libertad de nuestro pueblo significa también la liberación de la mujer, que la soberanía de nuestro pueblo significa que también las mujeres deben ocupar un papel, que la fuerza de nuestro partido es mayor si se incorporan las mujeres y dirigen junto con los hombres. (1969)

Nuestra revolución no podrá ser exitosa sin la plena participación de la mujer. (1972)

cuando venían los portugueses, iba corriendo para avisar a los combatientes, "¡Ahí vienen los *tugas*!" que era cómo llamaban a los soldados portugueses. El muchacho aprendía lo que se necesitaba para ser combatiente, y al final le daban un fusil y lo entrenaban como guerrillero.

"Pudimos triunfar porque otros países nos ayudaron. Pero un país hasta envió a sus hijos a luchar a nuestro lado: el heroico pueblo de Cuba".

—LUÍS CABRAL, 1977

MILITANTE

La Habana, julio 2006. Crispina Gomes, embajadora de Cabo Verde en Cuba, entrega a Víctor Dreke la "Orden Amílcar Cabral" por su aporte a la guerra para liberar a Cabo Verde y Guinea-Bissau del dominio colonial.

La orden fue firmada por el presidente caboverdiano Pedro Pires, un dirigente central de la lucha independentista. En 1965 Pires fue uno de los combatientes caboverdianos que recibieron entrenamiento militar en Cuba.

5. Los caboverdianos en la guerra de independencia

WATERS: Cuéntanos sobre la lucha por la independencia en Cabo Verde.

DREKE: Cabo Verde tiene condiciones diferentes de Guinea-Bissau. La mayoría de la población caboverdiana es mestiza. Los colonialistas portugueses les dieron un poco más de acceso a la educación y al empleo. Trataban de convencerles de que eran "portugueses", para dividirlos de los guineanos.

Pero las condiciones en las islas eran terribles. Los portugueses no hicieron nada para desarrollar la economía. Cabo Verde es un país muy seco, hay poca agricultura y sufrían sequías y a veces hambrunas horribles. Por eso, las familias viven mucho de las remesas de la emigración. Hay más caboverdianos en el exterior que en las islas. Muchos viven en Europa.

KOPPEL: También hay una importante población caboverdiana en Estados Unidos, sobre todo en el noreste, en Massachusetts y Rhode Island. Algunos tienen antepasados que trabajaron en los barcos balleneros a principios del siglo 19.

DREKE: A pesar de las diferencias, Cabo Verde y Guinea-Bissau tienen fuertes lazos históricos y culturales. Amílcar nació en Guinea-Bissau pero sus padres eran caboverdianos. Fue al colegio en Cabo Verde. Él estaba convencido de que los guineanos y los caboverdianos podían y debían luchar juntos por su independencia.

Después de que Che lo conoció en 1965 y le prometió el apoyo de Cuba, Amílcar recorrió varios países europeos donde había comunidades caboverdianas. Reclutó a un grupo de estudiantes que vinieron a Cuba para prepararse militarmente. Al frente del grupo de 30 compañeros estaba Pedro Pires, que fue primer ministro cuando Cabo Verde se independizó. También estaban Abílio Duarte, Honório Chantre y Manuel "Manecas" Santos, que llegaron a ser dirigentes del PAIGC.

La idea inicial era que este grupo desembarcara en Cabo Verde para iniciar un frente guerrillero que reforzaría la lucha que ya había comenzado en Guinea-Bissau.

El grupo recibió una preparación muy intensiva en la sierra del Escambray: grandes caminatas, nadando con mochilas pesadas y mucho más. Esto fue dirigido por la Unidad Militar 1546, que, como mencioné antes, también entrenó a nuestros combatientes cubanos para la misión en Guinea-Bissau.

Aunque Amílcar había mandado a estos compañeros a prepararse, después de examinar más a fondo las condiciones, llegó a la conclusión de que una guerra de guerrillas en el archipiélago no se podía hacer.

Nuestro criterio había sido que la lucha armada era posible en Cabo Verde, por las informaciones que teníamos. Al principio era mi criterio también. Yo aún no había estado allí; visité el país más tarde. Pero Cuba siempre ha respetado la soberanía y las decisiones de los combatientes revolucionarios en otros países.

Amílcar explicó que las condiciones geográficas en Cabo Verde no se prestaban para un movimiento guerrillero. Son islas volcánicas. Hay pocos árboles. Hay unas sequías terribles —a veces pasan cinco años sin lluvia— así que hay poca agua y agricultura, no hay animales que uno pueda cazar para buscar comida. Es un país pequeño, lejos de la región continental.

Además, la mayoría de la población no estaba lista para una guerra. Entre otras cosas, la mayor parte de los caboverdianos vivían en el exterior. Querían sacar a los portugueses, pero las condiciones no los tocaban tan directamente porque no vivían allá.

Cuando fui a Cabo Verde unos años más tarde, vi que Amílcar había tenido toda la razón.

Amílcar propuso llevar a estos compañeros —que se habían preparado en Cuba para combatir en Cabo Verde— a Guinea-Bissau para integrarlos a la guerrilla allí. Eso fue lo que hicieron.

Los compañeros caboverdianos tuvieron un papel importante en la guerra. Habían llegado armamentos de la Unión Soviética y otros países. Nuestros artilleros estaban entrenando a los guineanos. Pero se dio la posibilidad de que los caboverdianos asumieran la artillería. Tenían más preparación escolar, y se habían entrenado en Cuba con morteros y cañones antitanque de 75 mm. Entonces los caboverdianos, junto con los cubanos, se hicieron cargo de la artillería pesada.

Durante la guerra en Guinea-Bissau, el PAIGC sí organizó un movimiento clandestino y dirigió protestas sindicales en Cabo Verde.

Amílcar estaba comprometido con el objetivo de que, una vez liberada Guinea-Bissau, ellos seguirían apoyando la lucha por la independencia de Cabo Verde. Estaba convencido de que los portugueses se verían obligados a ceder.

Esa actitud de Amílcar era importante. Él podría haber dicho, “Si Guinea-Bissau se libera, lo otro es lío de los caboverdianos”. Pero no fue así. Amílcar no vivió para verlo, pero fue demostrado lo correcto de su estrategia. Los dos países lograron la independencia. Cada uno estableció su propio gobierno.

6. Guinea-Conakry: base de retaguardia de la guerra

WATERS: Tú estuviste al frente de la misión militar no solo en Guinea-Bissau sino en Guinea-Conakry. ¿Qué papel ocupó ese país en los acontecimientos que estás describiendo?

DREKE: Guinea-Conakry —la República de Guinea— se independizó de Francia en 1958, bajo la dirección de Ahmed Sékou Touré. Ghana se había independizado de Gran Bretaña en 1957 y Guinea-Conakry fue el segundo país independiente de África subsahariana.

Cuando yo estaba ahí, los imperialistas franceses aún no habían perdonado a Sékou Touré por el famoso "No". En 1958 el gobierno de Charles de Gaulle hizo un referendo para tratar de contrarrestar las luchas por la independencia que estaban sacudiendo África. A las colonias francesas en África les dieron la opción de votar "Sí" para continuar como parte de Francia. O podían votar "No" y ser independientes. En Guinea, Sékou Touré hizo campaña por el "No" y esa posición ganó el 95 por ciento del voto. Fue la primera colonia francesa en independizarse, y Sékou Touré salió electo como su primer presidente.

De Gaulle estaba furioso. Cuando las tropas francesas salieron, se llevaron todo, hasta las lámparas de las calles. Dejaron a los guineanos sin nada. Pero Sékou Touré fue un héroe en toda África.

Unos años más tarde, cuando comenzó la lucha armada en Guinea-Bissau, Sékou Touré le dio un apoyo vital. Permitió que Guinea-Conakry sirviera de retaguardia para la guerrilla. Por ese país entraban alimentos, armamentos y municiones que llegaban desde Cuba, la Unión Soviética y otros países. Por ahí también entraban nuestros combatientes y médicos. La jefatura del PAIGC estaba en Conakry.

Después del encuentro de Amílcar y Fidel en La Habana en 1966, Oscar Oramas, compañero de nuestro Ministerio del Exterior, fue nombrado embajador de Cuba ante Guinea-Conakry y enlace con el PAIGC. Cuando yo era jefe de la misión militar cubana, que tenía su sede en Conakry, me mantenía en comunicación directa con Sékou Touré, y también con Amílcar Cabral y otros líderes del PAIGC.

KOPPEL: ¿Cuba también brindó ayuda a Guinea-Conakry?

DREKE: Sí. Enviamos médicos voluntarios y otra ayuda. Recuerden que cuando se fueron los franceses, también se llevaron a todos sus médicos. Tuvieron que cerrar el hospital Donka, el único que existía en el país en esa época. Desde entonces hemos tenido médicos en Guinea. Cientos de estudiantes guineanos han recibido becas para estudiar medicina y otros oficios en Cuba.

La primera visita de Fidel a África fue a Conakry en 1972. Se reunió con Sékou Touré y prometió aumentar nuestra ayuda. Cuba ofreció más becas. Enviamos trabajadores para construir aeropuertos, y pilotos para entrenar a los guineanos a volar los MiG que habían recibido de la Unión Soviética.

WATERS: Cuba además entrenó a milicias en Guinea-Conakry. ¿Cómo se hizo?

DREKE: Sékou Touré decidió organizar milicias para defender al gobierno contra cualquier ataque de los portugueses, quienes querían eliminar la retaguardia del PAIGC en Guinea-Conakry. Y para defender a Guinea contra algún intento de desestabilización por el gobierno francés. Nos pidió que entrenáramos a las nuevas milicias.

Entonces, además de los voluntarios cubanos que fueron para Guinea-Bissau, llevamos instructores para entrenar a las milicias en Conakry. Esos compañeros también iban a los frentes de guerra en Guinea-Bissau, y cada cierto tiempo los rotábamos, para darles experiencia.

Estábamos de acuerdo en la importancia de preparar a la población en Guinea —no solo al ejército— para derrotar cualquier ataque imperialista. Sékou Touré tenía mucho apoyo popular. Más tarde, en los años siguientes, Sékou Touré cambió y vinieron los problemas, pero esa es otra historia.

Sin embargo, no bastaba con tener apoyo popular. El pueblo tenía que estar armado y entrenado.

Resulta que se demoraba mucho la preparación de los milicianos. Algunos de los jefes militares no querían que se hiciera. No lo decían, por supuesto, pero era evidente. Había tensiones dentro del gobierno y las fuerzas armadas guineanas, y Sékou Touré estaba preocupado de que algunos de los altos oficiales tratarían de derrocarlo.

El coronel Kaman Diaby era el vicejefe del estado mayor; se había formado en las fuerzas armadas francesas

"Voluntarios cubanos entrenaron a milicias en Guinea-Conakry para defender su gobierno de cualquier ataque portugués. Ese país era retaguardia del PAIGC". —VÍCTOR DREKE

CORTESÍA DE VÍCTOR DREKE

Dreke presenta bazuca al presidente Ahmed Sékou Touré de Guinea en el congreso del partido gobernante en 1967. Era símbolo del compromiso que Cuba tenía con la preparación de milicias para proteger al gobierno contra amenazas golpistas apoyadas por Lisboa.

CORTESÍA DE VÍCTOR DREKE

Instructores cubanos entrenan a milicianos en Conakry, 1967. A la derecha está Dreke, quien estaba al frente de los instructores.

cuando Guinea era colonia. Él se llevaba bien conmigo. Siempre hablábamos de los preparativos para entrenar a las milicias, y cuando yo le preguntaba, la respuesta era siempre: "Sí, todo está listo. Las bazucas están en el cuartel". Esas eran las 40 bazucas que ya les habíamos entregado para las milicias.

Diaby me decía, "Empezamos mañana". Pero al día siguiente era lo mismo, siempre lo mismo, y la preparación no empezaba.

Sékou Touré estaba buscando la forma para que los milicianos fueran entrenados por nosotros en colaboración con las fuerzas armadas guineanas. Así nadie podría decir que las milicias iban en contra del ejército. Eso era importante. Pero en el alto mando militar se resistían a hacerlo.

Después de muchas demoras, vamos a hablar con Sékou Touré. Le digo, "Señor presidente, usted quiere empezar la preparación de las milicias. Necesitamos su apoyo para hacerlo" El presidente parece atormentado pero al final dice, "Bien, háganlo cuando quieran".

Yo le digo, "Perfecto. Vamos a empezar dentro de unos días, señor presidente. Cuando usted sienta los tiros, es que estamos comenzando la preparación".

Y fue lo que hicimos. Empezamos a preparar a los milicianos tirando contra el mar. Por supuesto, se formó un alboroto cuando la gente sintió los tiros. Pero ya el presidente nos había dicho que siguiéramos adelante. Si no hubiéramos tomado esa iniciativa, nunca se habría hecho. Al final preparamos a más de mil milicianos.

KOPPEL: Hay una foto donde estás de verde olivo, entregándole a Sékou Touré una de las 40 bazucas que mencionaste.

DREKE: Eso fue en un congreso del partido gobernante, el Partido Democrático de Guinea, en 1967. Me invitaron, en representación del Comité Central del Partido Comunista de Cuba, del cual yo era miembro. Cuando hablo en el congreso, le entrego la bazuca a Sékou Touré a nombre de Fidel y nuestra dirección. Era un símbolo del compromiso que Cuba tenía con la preparación de las milicias.

WATERS: Efectivamente, en noviembre de 1970 hubo un intento de las fuerzas armadas portuguesas de derrocar al gobierno de Sékou Touré. ¿Qué hicieron las milicias durante el atentado?

DREKE: Ya yo había regresado a Cuba, pero seguí los sucesos de cerca. El gobierno portugués lanzó un ataque comando en Conakry. Querían derrocar a Sékou Touré y capturar o matar a Amílcar Cabral. Era una jugada desesperada, porque estaban perdiendo la guerra.

Unos 400 hombres desembarcaron en las playas de Conakry: soldados portugueses, entre los cuales había tropas africanas, junto con mercenarios guineanos. Trataron de tomar algunas instalaciones del gobierno y la sede del PAIGC.

Pero el atentado fue derrotado. Movilizaron a las tropas guineanas leales junto con las milicias que habíamos preparado, y también a combatientes del PAIGC que estaban en Conakry. Además, los combatientes cubanos que estaban cerca de la frontera fueron movilizados a Conakry como refuerzos. Esto se había planificado de antemano porque se anticipaba un ataque de los portugueses.

Algunos de los invasores huyeron y otros fueron capturados. Después, el gobierno ejecutó a varios altos funcionarios del gobierno que acusaron de participar en la conjura. Algunos fueron ahorcados ante una enorme multitud desde un puente en Conakry, cosa que la Revolución Cubana jamás ha hecho y jamás haría.

En los relatos que se han publicado, casi nunca se menciona lo que hicieron los cubanos para preparar las milicias en Guinea-Conakry. Pero fue importante.

RÓGER CALERO: En Cuba no hay contradicción entre las fuerzas armadas y las milicias, porque ustedes hicieron una revolución socialista y tienen un ejército revolucionario.

DREKE: Así es. En Cuba las milicias tuvieron un papel vital en la defensa de la revolución desde el principio. Son el pueblo armado. No están en conflicto con las Fuerzas Armadas Revolucionarias. Incluso, fueron creadas por el Ejército Rebelde, a iniciativa de Fidel.

7. Derrota del colonialismo portugués

WATERS: Regresaste de Guinea-Bissau a finales de 1968. Piero Gleijeses cita los cables del gobierno norteamericano y de otros gobiernos que comentaban que, ya para entonces, la posición de las fuerzas dirigidas por Cabral en Guinea-Bissau había mejorado notablemente.

DREKE: Creo que sí. Los artilleros habían sido entrenados por los instructores cubanos, y eran buenos combatientes, disciplinados. Fuera de las ciudades, el movimiento guerrillero ya controlaba la mayor parte del país.

El gobierno portugués estaba teniendo más y más dificultades en su guerra. Aumentaron su presencia militar hasta 40 mil tropas, incluyendo a miles de africanos procedentes de las distintas colonias portuguesas.

La guerra no tenía apoyo popular. Más y más soldados portugueses estaban desertando del ejército. El PAIGC entregaba a la Cruz Roja los soldados que capturaba. Les decía a estos jóvenes: "Nuestra guerra no va dirigida contra el pueblo portugués. Es una guerra contra el gobierno en su país. Tenemos el mismo enemigo". Cuando capturaban a civiles portugueses, no los maltrataban; los soltaban.

Por cierto, Amílcar insistía en la importancia, después de lograr la independencia, de promover el uso del idioma portugués, de aprender a hablarlo bien. No solo como lengua común en Guinea-Bissau y Cabo Verde, sino para poder comunicarse con los pueblos de Portugal y otros países de habla portuguesa. Para comunicarse con gente en todo el mundo.

Frente a esta creciente crisis, el régimen en Lisboa nombró como comandante militar de Guinea "Portuguesa" al general António de Spínola. Él lanzó una campaña de propaganda para quitarle apoyo popular al movimiento de liberación. Los portugueses, por primera vez, empezaron a construir algunas escuelas y clínicas en los territorios que controlaban para tratar de convencer a la gente de que estaban mejorando las condiciones de vida. Al mismo tiempo, intensificaron los bombardeos de las aldeas. Amílcar la llamaba la campaña de "sonrisas y sangre".

CALERO: Aunque lo negaba, el gobierno norteamericano apoyaba las guerras coloniales portuguesas en África. Las administraciones de Kennedy, Johnson y Nixon vendieron aviones caza y otros equipos militares al régimen portugués, a condición —oficialmente— de que no los usaran en África. Pero por supuesto, sí lo hicieron. Le entregaron millones a Lisboa como "pago" para poder usar la base aérea portuguesa en las islas Azores. En realidad, como explicó Cabral ante Naciones Unidas en 1972, Portugal, por su debilidad como potencia imperialista, "no estaría en condición de sostener tres guerras simultáneas en África sin la ayuda de sus aliados".

DREKE: Estados Unidos le vendía armamentos a Portugal como aliado y miembro de la OTAN. Pero los militares

“Durante la guerra, las mujeres no solo cumplieron sus responsabilidades tradicionales. Muchas fueron enfermeras, maestras, organizadoras políticas y combatientes”. —VÍCTOR DREKE

Titina Silá, dirigente del PAIGC y jefa de unidad de combate en el Frente Norte. Abatida por fuerzas portuguesas en 1973, es heroína nacional en Guinea-Bissau.

Las enfermeras del PAIGC trabajaban en zonas liberadas y en hospitales rebeldes al otro lado de las fronteras en Boké, Guinea, y Ziguinchor, Senegal.

FMSMB/CASA COMUM-AMÍLCAR CABRAL

FMSMB/CASA COMUM-AMÍLCAR CABRAL

Carmen Pereira, dirigente del PAIGC, habla con combatientes en zona liberada.

"Amílcar ya tenía una idea de la sociedad que querían construir después del triunfo. Crearon escuelas, hospitales y comités de aldea en los territorios liberados". —VÍCTOR DREKE

COLECCIÓN ROEL COUTINHO

FMSMB/CASA COMUM-INEP

ARRIBA: Escuela en zona liberada, 1974. Miles de niños y adultos guineanos "no solo aprendían a leer y escribir. Comenzaban a vencer la superstición y el temor a la naturaleza que eran parte de las creencias tradicionales", dijo Dreke.

ABAJO: Reunión de dirigentes de 17 comités de aldea en territorio liberado. Los comités, electos por los pobladores, administraban la salud, la enseñanza, la producción agrícola, la justicia y otros asuntos locales. Las mujeres asumían responsabilidades importantes en los comités.

FMSMB/CASA COMUM-AMÍLCAR CABRAL

Amélia Araújo transmite por Radio Liberación. La emisora del PAIGC brindaba información y ayudaba a educar a los combatientes y a la población. También dirigía programas a los soldados portugueses, explicando por qué también ellos eran víctimas del régimen colonial y por qué el poner fin a la guerra los beneficiaría.

FMSMB/CASA COMUM-INEP

Trabajadores de la salud marchan en celebración en territorio liberado cuando el PAIGC proclamó república independiente, septiembre 1973. Durante la guerra, la población por primera vez recibió atención médica en clínicas y hospitales.

"Al entregar estos prisioneros de guerra portugueses a la Cruz Roja, denunciamos los crímenes de los colonialistas portugueses". — AMÍLCAR CABRAL, MARZO 1968

DERECHA: Soldados portugueses capturados son entregados a la Cruz Roja en Senegal, marzo 1968. El PAIGC les decía: "Nuestro enemigo es el colonialismo, no el pueblo portugués".

FMSMB/CASA COMUM-AMÍLCAR CABRAL

FMSMB/CASA COMUM-INEP

IZQUIERDA: Una de las muchas bombas de napalm que las fuerzas portuguesas usaron para lisiar y aterrorizar a la población civil.

ABAJO: Cabral con jóvenes guerrilleros, 1972. "Él les inculcaba valores éticos: de que ellos eran ante todo un movimiento político, no militar", dijo Dreke. "Que ellos no cometían abusos contra los civiles o los soldados portugueses".

FMSMB/CASA COMUM-AMÍLCAR CABRAL

El comandante cubano Raúl Díaz Argüelles (lentes oscuras) con combatientes cubanos y guineanos. Argüelles colaboró estrechamente con los comandantes guerrilleros en la dirección de la ofensiva final en 1973-74.

CORTESÍA DE VÍCTOR DREKE

"El ejército portugués quedó desmoralizado por sus derrotas. Cuba jugó un papel decisivo en las victorias de las batallas finales del PAIGC". —VÍCTOR DREKE

FMSMB/CASA COMUM-AMÍLCAR CABRAL

Avión portugués derribado en Guinea-Bissau oriental. En 1973, artilleros entrenados por cubanos destruyeron la superioridad aérea de las fuerzas portuguesas.

Combatientes del PAIGC ocupan cuartel de Guiledje tras derrotar a tropas portuguesas, mayo 1973. La batalla fue un hito en la guerra de liberación.

FMSMB/CASA COMUM-AMÍLCAR CABRAL

“La victoria en Guinea-Bissau precipitó el fin de la dictadura fascista en Lisboa y la caída del imperio colonial portugués”. —VÍCTOR DREKE

Nueva York, 22 de enero de 1973. Protesta contra asesinato de Amílcar Cabral y contra ayuda militar norteamericana a guerras coloniales de Lisboa. También hubo manifestaciones en otras ciudades de Estados Unidos.

REVISTA SOUTHERN AFRICA

Londres, julio 1973. Miles protestan contra visita del dictador portugués Marcelo Caetano y el dominio colonial de Lisboa en África.

©NLA REPORT DIGITAL

Guinea-Bissau, territorio liberado, 24 de septiembre de 1973. Delegados a Asamblea Nacional Popular votan a favor de proclamar la independencia. Portugal reconoció la nueva república un año después.

FMSMB/CASA COMUM-INEP

ALAMY

Lisboa, abril 1974. Miles celebran caída del régimen fascista. La "Revolución de los Claveles" detonó un ascenso revolucionario de masas y, para fines de 1975, todas las colonias portuguesas en África habían logrado su independencia.

FAUSTO GIACCONE

Trabajadores rurales van rumbo a una toma de tierras en Ribatejo, Portugal, 1975. En todo el país se dieron luchas por la tierra.

FMSMB/CASA COMUM/©CARLOS GIL/SPA, LISBOA 2025

Lisboa, 12 de noviembre de 1975. Miles de obreros de la construcción se movilizan frente al parlamento. No dejaron que los diputados salieran hasta que asintieron a un convenio sindical que incluía un muy necesario aumento salarial del 40 por ciento.

“Tras una guerra de 16 años, el pueblo angolano, apoyado por los internacionalistas cubanos, derrotó a los invasores sudafricanos. Esta victoria aceleró el fin del régimen supremacista blanco”. —VÍCTOR DREKE

Cuito Cuanavale, Angola, 1988. Combatientes cubanos y angolanos encima de tanque sudafricano capturado celebran triunfo en la batalla. Entre 1975 y 1991, unos 425 mil voluntarios cubanos ayudaron a asegurar la soberanía de Angola.

MARY-ALICE WATERS/MILITANT

Nelson Mandela y Fidel Castro en Matanzas, Cuba, julio 1991. Los internacionalistas cubanos hicieron un “aporte inaudito a la independencia, la libertad y la justicia en África”, dijo Mandela.

portugueses utilizaban esas armas en Guinea-Bissau, Angola y Mozambique, y el gobierno norteamericano hacía la vista gorda.

KOPPEL: En 1972 Fidel envió al comandante Raúl Díaz Argüelles a Guinea-Bissau para colaborar directamente con la dirección del PAIGC en la guerra de liberación.

Díaz Argüelles es un héroe para el pueblo cubano y para muchos africanos. Es reconocido especialmente por su papel destacado al inicio de la misión internacionalista cubana en Angola, donde cayó en combate en 1975.

Pero no se conoce mucho sobre su papel dirigente en la guerra en Guinea-Bissau. ¿Puedes contarnos algo sobre eso?

DREKE: El hecho de que Fidel enviara al comandante Díaz Argüelles reflejó la importancia que nuestra dirección revolucionaria le dio a la lucha en Guinea-Bissau, que en esos momentos pasaba por una etapa crítica.

En abril de 1972 se creó la Décima Dirección de las Fuerzas Armadas Revolucionarias para atender todas nuestras misiones militares internacionalistas, y Argüelles fue nombrado jefe de la Décima. Hasta ese momento, las misiones habían sido organizadas bajo el Ministerio del Interior.*

* Inicialmente las misiones militares cubanas en el exterior, incluso en Guinea-Bissau y Guinea-Conakry, se organizaban a través de un departamento del Ministerio del Interior llamado la Dirección 5, encabezado por Ulises Estrada. Ese departamento formaba parte de la Dirección General de Inteligencia, dirigida por el comandante Manuel Piñeiro. En abril de 1972 las Fuerzas Armadas Revolucionarias se hicieron cargo de todas las misiones militares, para lo cual crearon la Décima Dirección, encabezada por Raúl Díaz Argüelles. Las misiones en las que participaban no solo instructores sino soldados —como en Angola a partir de 1975, Etiopía a partir de 1975 y Nicaragua a partir de 1979— eran dirigidas directamente por el estado mayor de las FAR.

Soldados portugueses capturados eran tratados con dignidad

En nuestra lucha por la independencia nacional, la paz y el progreso de nuestro pueblos en Guinea y las Islas de Cabo Verde, la liberación de los soldados portugueses capturados por nuestras fuerzas armadas fue tan necesaria como previsible. No estamos luchando contra el pueblo portugués, o contra individuos o familias portuguesas. Sin nunca confundir al pueblo portugués con el colonialismo, tuvimos que tomar las armas para eliminar de nuestra patria el bochornoso dominio del colonialismo portugués.

Los miembros de nuestras fuerzas armadas capturadas por las tropas coloniales son por lo general sometidos a una ejecución sumaria. Otros son torturados y forzados a hacer declaraciones que las autoridades utilizan en su propaganda. Los colonialistas portugueses realizan diariamente actos de terrorismo contra los habitantes pacíficos de nuestras zonas liberadas, especialmente contra mujeres, niños y ancianos. Bombardean y ametrallan a nuestro pueblo, reducen nuestras aldeas a cenizas y destruyen nuestros cultivos. Usan bombas de todo tipo, particularmente bombas de fragmentación, napalm y fósforo blanco.

Al entregar a estos prisioneros de guerra portugueses [a la Cruz Roja de Senegal], nuevamente llamamos la atención de la opinión mundial a los crímenes cometidos en nuestro país por los colonialistas portugueses. La opinión pública portuguesa, sobre todo entre las masas populares y los círculos intelectuales, está cada día más consciente de la necesidad de tomar acción por todos los medios posibles contra la guerra colonial.

—*Amílcar Cabral*
Dakar, Senegal, marzo 1968

La liberación de otros tres prisioneros de guerra portugueses el día de Navidad no es nada nuevo; coincide con nuestra política. Les transmitimos a los tres prisioneros nuestro deseo de que se unan a sus familias, de que les hablen sobre nosotros, para que, a pesar de los crímenes del gobierno colonial, se puedan mantener los lazos entre nuestro pueblo y el pueblo de Portugal.

El gobierno portugués no muestra la menor consideración por su propio pueblo —a quien le dice burdas mentiras— o por los jóvenes que, a costa de sacrificios y hasta la vida, luchan sin gloria en una guerra criminal en nuestro país.

Creemos que un prisionero de guerra merece respeto, porque está dando su vida, sea justa o no la causa por la que lucha. Por eso llamamos al pueblo y a los patriotas de Portugal a que obliguen al gobierno a respetar al pueblo que domina, y a respetar las normas internacionales elementales sobre los prisioneros de guerra.

—*Amílcar Cabral, emisión de radio*
enero 1969

Argüelles visitó las zonas liberadas en Guinea-Bissau junto con comandantes del PAIGC para evaluar la situación. El movimiento de liberación estaba entonces en una posición de fuerza, y era hora de dar golpes contundentes contra el ejército portugués. Nuestra experiencia durante la guerra revolucionaria cubana había sido tomar los cuarteles del ejército cuando tuviéramos la capacidad de hacerlo.

Argüelles le comunicó sus conclusiones a nuestra dirección. Después, con el apoyo de Fidel, Argüelles le propuso a Amílcar llevar a cabo una operación contra cuarteles portugueses.

Hasta ese momento, la estrategia del PAIGC había sido una guerra de desgaste contra las fuerzas portuguesas. El enemigo aún mantenía la superioridad aérea y, como mencioné antes, Amílcar quería minimizar la pérdida de sus cuadros. Estaba convencido de que era solo cuestión de meses hasta que los colonialistas portugueses se verían forzados a conceder la independencia. Tenían crecientes problemas con su guerra, y también presiones internacionales.

Amílcar consideró la propuesta cubana de lanzar una ofensiva contra las bases portuguesas. Y finalmente la aceptó. Pero esa campaña no se había puesto en práctica antes de que él fuera asesinado.

CALERO: Cabral fue asesinado en Conakry en enero de 1973. Fue una operación organizada por la policía secreta portuguesa y realizada por ex miembros del PAIGC que habían sido reclutados por los portugueses. ¿Cómo afectó eso la lucha?

DREKE: Los portugueses estaban perdiendo la guerra. Mataron a Cabral con la esperanza de darle un golpe mortal a la lucha. Pero no lo lograron. El movimiento que Amílcar había forjado era una fuerza política y militar muy experimentada, muy arraigada en la población. Aristides Pereira, el segundo de Amílcar, fue escogido para sustituirlo como secretario general del PAIGC.

CALERO: En diciembre de 1972, poco antes de su muerte, Cabral había visitado Moscú, donde al final logró que el gobierno soviético acordara suministrar lanzacohetes portátiles tierra-aire, capaces de derribar los aviones. Gleijeses comenta en su libro *Misiones en conflicto* que en marzo de 1973, cuando un grupo de combatientes guineanos ya había sido entrenado para usarlos, estos cohetes cambiaron la situación militar a favor de los combatientes guineanos. ¿Nos podrías hablar más de eso?

DREKE: Cuando llegaron estas armas antiaéreas, hubo un viraje en la correlación de fuerzas a favor del movimiento de liberación. Hasta ese momento, la aviación portuguesa podía hacer vuelos rasantes. Ametrallaban las aldeas y tiraban napalm que quemaba los cultivos y a muchos civiles. Bajo esas condiciones era muy difícil atacar los cuarteles portugueses.

Ahora, con los nuevos lanzacohetes antiaéreos —las "Flechas", según les llamábamos— los combatientes por primera vez empezaron a derribar los aviones. Podían proteger a los combatientes y a la población civil. Los que lanzaban las Flechas eran artilleros caboverdianos que habíamos entrenado, encabezados por Manecas Santos, dirigente del PAIGC, junto a los instructores cubanos.

Para los portugueses fue una sacudida. Sus pilotos tenían miedo y ya no querían salir de las bases. Esto impactó mucho el curso de la guerra. Después de que les tumbaron unos cuantos aviones, los portugueses dejaron de mandar a sus pilotos a las zonas de combate, o bien volaban muy alto, fuera del alcance de la artillería.

Argüelles —nuevamente, con el fuerte apoyo de Fidel— reiteró su propuesta a la dirección del PAIGC de lanzar una ofensiva contra los cuarteles portugueses. Ellos estuvieron de acuerdo.

En mayo de 1973 comenzó la "Operación Amílcar Cabral" en el Frente Sur.

El ejército guerrillero ya tenía unos 8 mil combatientes. La campaña fue planificada y dirigida conjuntamente por los comandantes Nino y Argüelles. Participaron unos 40 compañeros cubanos en las distintas batallas.

Ahora que los aviones enemigos no representaban un peligro tan grande, los combatientes lanzaron un ataque directo contra el cuartel de Guiledje, el más importante de la región. En esa batalla participaron cientos de combatientes del PAIGC, junto con un grupo de cubanos.

Los portugueses sufrieron muchas bajas. Abandonaron la base y los combatientes tomaron Guiledje. Fue una victoria contundente. En los meses siguientes los portugueses abandonaron otros cuarteles.

KOPPEL: Los dirigentes del PAIGC han señalado que también estaban logrando avances en el ámbito político. En foros internacionales en Estados Unidos y Europa, expusieron la brutalidad de Lisboa. Una delegación de la ONU visitó las zonas liberadas y condenó el bombardeo de civiles por el ejército portugués. A mediados de 1972, los guineanos en los territorios liberados, después de un proceso de meses de debates, votaron en sus primeras elecciones, escogiendo a 120 diputados para una nueva Asamblea Nacional Popular. Y en septiembre de 1973, cuando estaban logrando victorias militares, la Asamblea Nacional proclamó una República de Guinea-Bissau independiente, la cual ganó mucho reconocimiento a nivel internacional.

DREKE: El apoyo internacional para Guinea-Bissau era importante, ya que el régimen portugués dependía de Estados Unidos, Alemania Occidental y otras potencias de la OTAN para la ayuda militar que necesitaba en sus guerras africanas.

También tuvo un gran impacto la victoria del pueblo vietnamita, que expulsó a las fuerzas militares norteamericanas y reunificó su país. Eso debilitó al imperialismo a nivel mundial. Debilitó a los imperialistas portugueses.

WATERS: Como sabemos por nuestras propias experiencias en Estados Unidos, era una época cuando millones de personas en el mundo se estaban involucrando en actividades políticas de apoyo a las victoriosas batallas del pueblo vietnamita. El uso de un masivo poderío militar por parte de Washington para tratar de derrotar a los vietnamitas le abrió los ojos a una nueva generación de jóvenes ante las realidades del imperialismo.

DREKE: Sí, y había más y más protestas contra las guerras coloniales portuguesas, no solo en Portugal sino en el Reino Unido y otros países.

El ejército portugués ya estaba completamente desmoralizado por sus derrotas en Guinea-Bissau. Esto aceleró el derrumbe del propio régimen colonial.

En respuesta a esta crisis, el mando militar depuso al gobierno de Caetano en un golpe de estado. Eso dio pie a la Revolución de los Claveles. Se pueden ver fotos de los cientos de miles de personas en las calles de Lisboa que celebraban la caída de la dictadura. Después de 50 años de gobierno fascista, querían libertad. Los trabajadores y los campesinos estaban reclamando sus derechos.

El golpe militar en Portugal se dio en abril de 1974. Unos meses después, en septiembre, el nuevo gobierno reconoció la independencia de la República de Guinea-Bissau.

Y al año siguiente, en julio de 1975, se proclamó la independencia de Cabo Verde. Se cumplió la promesa de Amílcar: aun si Guinea-Bissau se independizaba antes, el PAIGC no abandonaría al pueblo de Cabo Verde, y ellos también lograrían su libertad.

Ese mismo año, Mozambique y Angola ganaron su independencia, al igual que Santo Tomé y Príncipe.

8. El impacto internacional de la victoria

WATERS: ¿Cómo ves el impacto internacional que tuvo la victoriosa lucha por la independencia en Guinea-Bissau?

DREKE: Esa victoria fue un hito en la historia de África. Fue el detonante que provocó la caída del imperio colonial portugués. Y llevó al fin de la dictadura en Portugal.

Guinea-Bissau demostró que un pequeño país africano —con una población de medio millón de habitantes en esa época, con muy poco desarrollo económico, y un ejército de liberación con pocos armamentos y recursos— era capaz de derrotar una potencia imperial y una fuerza militar mucho más poderosa.

Amílcar Cabral se convirtió en símbolo para millones de personas en el mundo de las mejores cualidades de un dirigente antiimperialista. Él se identificaba con luchas de liberación no solo en África sino en todo el mundo. Le inculcaba confianza a los pueblos de Guinea-Bissau y Cabo Verde de que podían luchar y vencer. Él explicaba, con un lenguaje claro, por qué estaban luchando. Explicaba los valores éticos que les permitirían vencer.

La población guineana participó activamente en esa lucha. Estaba dirigida por un movimiento político fuerte. No era simplemente un ejército guerrillero.

La victoria en Guinea-Bissau fue una inspiración para luchas antiimperialistas en toda África, especialmente en Angola y Mozambique. Esas dos colonias portuguesas lograron su independencia al año siguiente, en 1975, aunque tomaría muchos más años para que pudieran garantizar su soberanía.

Después de una guerra que duró una década y media, el pueblo de Angola —apoyado por los combatientes internacionalistas cubanos— derrotó en 1988 a las tropas sudafricanas que habían invadido su país.

Esa victoria, a su vez, inspiró al pueblo de Sudáfrica, que como dijo Nelson Mandela, luchaba por "una Sudáfrica democrática y no racial". Acabaron con el régimen supremacista blanco.

Valió la pena luchar: esa es lección que podemos sacar. Y para los cubanos que fuimos a Guinea-Bissau y a otros países africanos, valió la pena participar en esas misiones internacionalistas.

WATERS: ¿Cómo ha influido en Cuba el hecho de que cientos de miles de cubanos han participado en misiones internacionalistas en África a través de las décadas? Solo en Angola, unos 425 mil voluntarios entre 1975 y 1991.

DREKE: Los que cumplieron misiones en África han traído sus experiencias. Nuestros combatientes aprendieron mucho del pueblo de Guinea-Bissau, con el cual compartimos todo. Igual con los médicos cubanos que han trabajado en los lugares más difíciles. Han atendido a la población y se han ganado su cariño.

Fidel Castro: 'Luchas africanas de independencia detonaron Revolución de Claveles en Portugal'

En Portugal había estado prevaleciendo un gobierno fascista durante más de 40 años. Ese gobierno mantuvo la guerra durante 10 años contra los luchadores por la independencia de las colonias portuguesas en África. Pero la propia lucha de los patriotas de Guinea-Bissau, Angola y Mozambique fue conduciendo al colonialismo y al fascismo portugués a una crisis. En primer lugar, una crisis de carácter internacional, de aislamiento, de descrédito del gobierno. Y por último lo condujo a una crisis interna.

Es decir que, en su lucha por la independencia, los africanos ayudaron al pueblo portugués. Fue un elemento que contribuyó a gestar la revolución en Portugal. Sin esa lucha de las colonias portuguesas en África, posiblemente no se hubiera producido nunca la revolución del 25 de abril [de 1974] en Portugal, o habría tardado mucho más en producirse.

Pero también los acontecimientos en Portugal contribuyeron a acelerar la independencia de esos países.

—Fidel Castro
septiembre 1975

Además, el pueblo cubano ha desarrollado cariño y respeto hacia nuestros hermanos africanos. Nosotros decimos que tenemos sangre africana. Eso se ve todos los días en nuestra cultura, en nuestras vidas. No importa que seas un poco más negro o más blanco. Hay una presencia africana en todos nosotros.

En África, como en otras partes del mundo donde los internacionalistas cubanos han cumplido misiones, hemos conocido la extrema pobreza en que vive una gran parte de la humanidad. Hemos aprendido más sobre la realidad de la explotación imperialista. No solo estás leyendo acerca de la explotación del hombre por el hombre en libros de Marx o Lenin. Lo has visto, lo has vivido.

Hoy hay voluntarios internacionalistas cubanos que siguen trabajando en muchos países africanos: médicos, maestros, especialistas técnicos. Y miles de jóvenes africanos se han graduado de escuelas de medicina en Cuba.

Además, los internacionalistas cubanos han establecido escuelas de medicina en varios países africanos. La primera en África subsahariana se creó en Guinea-Bissau en 1986. La fundó la misión médica cubana, dirigida por la doctora Ana Morales Valera. Lleva el nombre del comandante Raúl Díaz Argüelles.

Más recientemente, los voluntarios médicos cubanos fueron decisivos en la lucha en 2014 y 2015 para acabar con la epidemia del ébola en Liberia, Sierra Leone y Guinea-Conakry.

Nuestra misión internacionalista más grande fue la de Angola, donde, como mencioné, a través de 16 años nuestros combatientes se sumaron a los angolanos para derrotar repetidas invasiones del ejército sudafricano. Ayudaron de manera decisiva a defender la soberanía de Angola y lograr la independencia de Namibia. Y estos triunfos contribuyeron a poner fin al régimen del apartheid.

Fidel siempre explicaba que no fuimos a África para saquear los recursos naturales y explotar a seres humanos, como hacen las potencias imperialistas. Él popularizó un comentario que Amílcar Cabral había hecho antes. Así dijo Fidel:

"Cuba cumplió con lo que dijera el insigne líder anticolonialista Amílcar Cabral: 'Los combatientes cubanos están dispuestos a sacrificar sus vidas por la liberación de nuestros países. Y a cambio de esa ayuda a nuestra libertad y al progreso de nuestra población, lo único que se llevarán de nosotros son los combatientes que cayeron luchando por la libertad' ".

Así fue.

Nuestras experiencias internacionalistas reforzaron la conciencia y la confianza del pueblo cubano. Como dijo Raúl, gracias a Angola —y podríamos decir también Guinea-Bissau— el pueblo cubano "conoce mucho mejor de qué somos capaces".

'Era un orgullo que te pidieran cumplir una misión internacionalista'

VOCES DE OTROS COMBATIENTES CUBANOS

‘Era un orgullo que te pidieran cumplir una misión internacionalista’

VOCES DE OTROS COMBATIENTES CUBANOS

Por Martín Koppel, Mary-Alice Waters y Róger Calero

“¿POR QUÉ FUIMOS A ÁFRICA? ¿Por qué los cubanos cumplimos misiones de combate en el Congo, o en Guinea-Bissau, o en Angola?” preguntó Alfonso Pérez Morales, teniente coronel de las Fuerzas Armadas Revolucionarias (FAR) de Cuba, hoy retirado.

“Cuando me alisté, en 1965, la Revolución Cubana había triunfado apenas seis años antes”, dijo en una entrevista realizada en La Habana en febrero de 2025. “El pueblo cubano, dirigido por Fidel, había hecho profundos cambios en nuestra sociedad. Sentíamos una gran identificación con los pueblos que luchaban contra la dominación imperialista en otras partes del mundo. Muchos cubanos respondimos cuando Fidel nos convocó a cumplir misiones internacionalistas en África, América Latina y Asia”.

Víctor Dreke nos presentó a Pérez Morales —conocido mejor por su nombre de guerra, “Pina”— cuando estábamos terminando de preparar este libro.

En las páginas que usted acaba de leer, Dreke explica que Pina había formado parte del grupo inicial de internacionalistas cubanos que fueron a Guinea-Bissau como instructores militares o médicos. Los dos trabajaron estrechamente, Dreke como jefe de la misión militar cubana con sede en Conakry, y Pina como jefe de los voluntarios cubanos en el Frente Norte que acompañaban a los guerrilleros del PAIGC.

Después de su primera misión en los años 1966–68, Pérez Morales regresó a Guinea-Bissau en 1972 para lo que resultarían ser los últimos dos años de la guerra de liberación. Cuando Guinea-Bissau se independizó de Portugal en 1974, Pina fue nombrado el primer embajador cubano a ese país.

También entrevistamos a otros internacionalistas cubanos que participaron en la misión en Guinea-Bissau: el coronel René Hernández Gattorno, el teniente Eduardo Torres Ferrer, el general de brigada Gustavo Chui Beltrán —todos oficiales militares retirados— y Oscar Oramas, quien fue embajador de Cuba en el vecino país de Guinea-Conakry, donde el PAIGC tenía su sede.

Pina nos relató que a principios de los años 60, siendo adolescente, "escuchábamos a Fidel que nos explicaba no solo por qué era necesaria una revolución en Cuba, sino por qué debíamos contribuir a las luchas de liberación de otros pueblos en el mundo. Che Guevara dijo que había que ayudar a crear 'dos, tres, muchos Vietnam' en momentos cuando el pueblo vietnamita estaba librando una batalla heroica contra el imperialismo norteamericano. Y Che nos dio un ejemplo con sus propias acciones.

"Era un orgullo que te pidieran cumplir una misión internacionalista".

Pina habló de su propia experiencia. Después de graduarse de oficial en una escuela de las FAR a los 21 años, fue nombrado jefe de una batería de artillería. Ese mismo año, Che estaba al frente de una columna de 130 combatientes cubanos en apoyo a la lucha de liberación en el Congo.

"Esa misión era secreta, pero estaban reclutando a más combatientes como refuerzos. Se estaban creando ya cinco columnas adicionales para ir al Congo".

"En agosto me llamó un oficial de las FAR. Me preguntó si yo me había graduado de morterista. Le dije que no, me había entrenado para lanzacohetes múltiples. "Qué lástima", me dijo, "porque teníamos una misión internacionalista para ti, y necesitamos morteristas".

"No quería perderme la oportunidad. Le dije al oficial, 'Pero *puedo* hacerlo. Con lo que aprendí de morteros, ¡sí puedo!' Entonces me incorporé al grupo que comenzó a entrenarse para ir al Congo".

Sin embargo, antes del fin de ese año, la misión cubana en el Congo se terminó. "Algunos compañeros fuimos escogidos entonces para ir a Guinea-Bissau", dijo Pina. "Yo estaba en el grupo que llegó en junio de 1966 en el buque *Lidia Doce*".

Por qué Fidel escogió a Dreke para dirigir misión

Pina apuntó que Dreke, segundo al mando de Guevara en la misión del Congo, ya había regresado a Cuba y era jefe de la unidad del Ministerio del Interior que entrenaba a combatientes, tanto cubanos como de otros países, para misiones en el exterior. A finales de 1966, Fidel Castro decidió que el oficial inicialmente a cargo de la misión en Guinea-Bissau no estaba a la altura de la tarea. Fidel mandó llamar a Dreke y le dijo, "Tienes que hacerte cargo de la misión".

¿Por qué Dreke? "Les quiero explicar algo", dijo Pina. "Es importante. Fidel escogió a Dreke porque necesitaba

"Es importante que la gente, especialmente las nuevas generaciones, conozca la historia del internacionalismo cubano". —GUSTAVO CHUI BELTRÁN

CORTESÍA DE VÍCTOR DREKE

Frente Norte, Guinea-Bissau, 1967. Desde la izquierda: Eduardo Torres Ferrer ("Coqui"), Alfonso Pérez Morales ("Pina"), Francisco "Chico" Mendes y Alberto Castell Florit ("Quintín"). Mendes era comandante del PAIGC; los otros tres eran combatientes cubanos. Pérez Morales era jefe de la unidad de combatientes cubanos en el norte.

EDITORIAL CAPITÁN SAN LUIS

René Hernández Gattorno (sentado, con gorro) y otros combatientes cruzan río desde Guinea hasta Guinea-Bissau, 1972. Gattorno participó en batallas decisivas que derrotaron al ejército colonial portugués.

FOTO DE TORRES FERRER POR MARY-ALICE WATERS; OTRAS POR JONATHAN SILBERMAN/MILITANTE

EN SENTIDO DEL RELOJ, DESDE ARRIBA A LA IZQUIERDA: El teniente coronel Alfonso Pérez Morales, el coronel René Hernández Gattorno, el general de brigada Gustavo Chui Beltrán, el teniente Eduardo Torres Ferrer, todos oficiales militares retirados, y el ex embajador Oscar Oramas.

Pérez Morales, Gattorno y Torres Ferrer combatieron en Guinea-Bissau. Chui fue segundo al mando de la Décima Dirección de las Fuerzas Armadas Revolucionarias, que dirigía misiones militares cubanas en Guinea-Bissau y otros países. Oramas fue embajador de Cuba en Guinea-Conakry durante la guerra de independencia.

un comandante militar que tuviera experiencia, que había dirigido tropas en combate y demostrado su capacidad de tomar decisiones en una guerra de guerrillas compleja que se estaba llevando a cabo sobre tres frentes.

"En segundo lugar, él quería alguien que supiera cómo pensaba la máxima dirección de nuestro país. Que pudiera transmitir eso y colaborar con dirigentes guineanos como Cabral.

"Y en tercer lugar, Fidel quería alguien que había pasado por la misión del Congo. Esa había sido una experiencia amarga para nosotros. Y la amargura puede llevar a la desmoralización. Fidel sabía que teníamos que tener una experiencia diferente en África, y Guinea-Bissau era el lugar donde se podía hacer. La capacidad de Cabral como dirigente lo hacía posible.

"Nuestro comandante en jefe le dijo a Dreke que se llevara a los mejores compañeros que habían combatido con él en el Congo".

Eduardo Torres Ferrer, conocido por sus amigos y compañeros como Coqui, fue uno de los veteranos del Congo que en 1966 aceptaron con entusiasmo la nueva misión combativa en Guinea-Bissau.

"Nuestra experiencia en Guinea-Bissau fue muy distinta a la del Congo", dijo Coqui, a quien Che le puso el nombre de guerra *Nane* ("ocho" en swahili) durante la campaña del Congo.

"Igual que en Cuba, los comandantes en Guinea-Bissau combatían al lado de sus hombres", dijo Coqui, quien había estado en el Ejército Rebelde durante la guerra revolucionaria en Cuba. "Pero no era así en el movimiento congolés", cuyos dirigentes vivían y pasaban la mayor parte de su tiempo en capitales africanas y europeas.

El movimiento congolés no logró superar las rivalidades entre sus líderes, la falta de disciplina y la tendencia de basarse en lealtades tribales y la superstición. Al final, sus dirigentes decidieron poner fin a los combates y, a solicitud de ellos, Cuba retiró a sus combatientes.

"El PAIGC era diferente", dijo Coqui. "Era una organización disciplinada con una dirección seria. Los combatientes guineanos eran valientes. Combatíamos juntos. Nuestra experiencia allí realmente levantó la moral de los compañeros que habíamos pasado por la experiencia del Congo".

Después de su primera misión en 1966–67, Coqui regresó a Guinea-Bissau en 1971. Y nuevamente en 1975–77 como segundo secretario en la embajada cubana de la república ya independiente. Posteriormente participó en dos misiones internacionalistas en Angola.

Pina recordó vivamente el compañerismo forjado entre los combatientes del PAIGC y los internacionalistas cubanos. "Les doy un ejemplo. Durante un ataque al cuartel portugués de Buba en agosto de 1966, íbamos con Umaro Djaló, el segundo jefe del Frente Sur. En un combate, Umaro sintió que venía un proyectil enemigo, y se le tiró encima a un compañero nuestro, Roberto Rodríguez. Umaro quedó herido, y tuvimos que evacuarlo. Le salvó la vida a Roberto.

"Nuestras relaciones eran así de estrechas. Parecía que ellos eran cubanos y nosotros éramos guineanos".

Amílcar luchó por superar el tribalismo

El liderazgo de Amílcar Cabral fue decisivo para el triunfo de la lucha independentista en Guinea-Bissau y Cabo Verde. "Él fue uno de los líderes revolucionarios más grandes de África", dijo Coqui.

Pina conoció a Cabral poco después de llegar a Conakry. "Ahí nos llevaron a una escuela del PAIGC donde estudiaban niños huérfanos de guerra y otros jóvenes guineanos. Lo que nos contaron los niños sobre sus familias —y lo que Amílcar nos explicó sobre las condiciones de vida bajo el dominio portugués y la lucha que llevaban a cabo— nos sensibilizó mucho".

Como jefe de los combatientes cubanos en el Frente Norte, Pina llegó a conocer a Cabral. "Él era un dirigente muy exigente, pero muy humano. Conocía a su pueblo".

"Amílcar creó un movimiento fuerte y unido", dijo René Hernández Gattorno, quien cumplió misiones en Guinea-Bissau en 1971 y nuevamente en los meses decisivos de 1973. Gattorno posteriormente ayudó a dirigir operaciones combativas cubanas en Angola y participó en las misiones cubanas en Congo-Brazzaville y Nicaragua.

"En la guerrilla había compañeros de todos los grupos tribales —balantas, fulas, manjacos y otros— y también de Cabo Verde", dijo. "Amílcar luchó para superar el tribalismo, que ha hecho tanto daño en muchos países africanos. Y se esforzó por unificar a los guineanos y caboverdianos".

El PAIGC bajo la dirección de Cabral hizo importantes avances en la lucha para vencer esos obstáculos, dijo Pina. "Sí, había fulas en el ejército colonial portugués. Pero en el ejército de liberación también había muchos fulas. El comandante Umaro Djaló era fula. A través del combate llegó el momento cuando los guerrilleros ya no hablaban de si alguien era fula o mandinga o balanta o de otra tribu. Ellos insistían, 'Soy guineano'"

No obstante, el régimen portugués nunca dejó de aprovechar cualquier oportunidad para atizar divisiones, especialmente entre guineanos y caboverdianos.

"No cabe duda que usaron las divisiones subyacentes para reclutar a un pequeño grupo de miembros del PAIGC que asesinaron a Amílcar el 20 de enero de 1973", apuntó Pina. Los conspiradores, encabezados por Inocêncio Kani, ex oficial del PAIGC, eran guineanos que resentían el papel importante de muchos caboverdianos —incluidos Amílcar Cabral, su hermano Luís Cabral y Aristides Pereira— en la dirección del PAIGC.

Apoyo de Cabral a derechos de la mujer

Una de las mayores cualidades de Cabral como dirigente, subrayó Pina, eran sus esfuerzos para integrar a las mujeres al movimiento de liberación a todos los niveles. "Fue unos de los primeros dirigentes africanos que promovieron la igualdad de derechos para la mujer", dijo.

"Las mujeres participaron mucho en la lucha. Muchas llegaron a ser dirigentes. Una de las más excepcionales fue Titina Silá. Yo llegué a conocer a Titina en el Frente Norte. Era jefa de una unidad de combate cuando murió en 1973".

Con el respaldo activo de Cabral, cuadros femeninos como Silá hicieron frente a los prejuicios contra la mujer y se fueron ganando respeto entre sus compañeros de lucha varones y entre la población guineana en general.

La importancia que Cabral le daba a la lucha por la emancipación de la mujer era parte de "su visión de la sociedad que ellos estaban luchando por crear", dijo Oscar Oramas, quien, como embajador cubano en Conakry de 1966 a 1973, trabajó de cerca con el dirigente del PAIGC.

"En las zonas liberadas, Amílcar no solo estaba preparando al pueblo de Guinea para ser una nación independiente", dijo Oramas. "Él se proponía empezar a crear las condiciones para una sociedad sin la explotación que habían sufrido bajo el dominio portugués. En esas zonas construyeron hospitales, escuelas, 'almacenes del pueblo'. Crearon comités de aldea para administrar los asuntos locales".

"Era como un estado dentro de otro estado", dijo Coqui. "Me recordaba lo que el Ejército Rebelde había hecho en el Segundo Frente Oriental: el comienzo de una revolución social".

Coqui, nacido de una familia campesina en la provincia de Santiago de Cuba, se incorporó al Ejército Rebelde en 1957 y combatió en el Segundo Frente Oriental. En esa región suroriental de Cuba, liberada del control de la dictadura de Batista, el Ejército Rebelde bajo la dirección de Fidel y Raúl Castro —aún antes del triunfo de la revolución— organizó a los trabajadores y campesinos para construir escuelas y clínicas, iniciar una reforma agraria y una campaña de alfabetización, combatir la delincuencia, administrar la justicia y otras medidas para poner en práctica el programa del movimiento revolucionario.

Liderazgo del comandante Argüelles

El compromiso de la dirección cubana con Cabral y el movimiento por la independencia de Guinea-Bissau se reflejó en la decisión de Fidel Castro, en una etapa crítica de la guerra, de enviar al comandante Raúl Díaz Argüelles a colaborar directamente con el PAIGC en el campo de batalla.

El general Gustavo Chui Beltrán nos relató un poco sobre este capítulo casi desconocido de la historia del internacionalismo cubano.

En 1972 Díaz Argüelles fue nombrado jefe de la recién creada Décima Dirección de las Fuerzas Armadas Revolucionarias (FAR), que era responsable de todas las misiones militares cubanas en el exterior y del entrenamiento de luchadores revolucionarios de otros países latinoamericanos y africanos. Chui fue segundo jefe de la Décima Dirección, llegando a ser jefe en 1975, después de que Argüelles cayera en combate en Angola. En esta capacidad él trabajó estrechamente con Fidel Castro y Raúl Castro, jefe de las FAR.

"Fidel mandó a Argüelles a Guinea-Bissau para analizar la situación y reunirse con Amílcar y otros dirigentes del PAIGC", dijo Chui. "Yo tuve la responsabilidad de enviar a un grupo de oficiales de las FAR para acompañar a Argüelles: oficiales experimentados como el coronel Wilfredo Colás ("Patifino") y el coronel René Hernández Gattorno, quienes participaron en algunas de las posteriores batallas allá". En el transcurso de varias visitas en 1972, "Argüelles recorrió los territorios liberados. Observó que las fuerzas portuguesas habían sufrido fuerte golpes, y que ahora era importante lanzar una ofensiva para derrotar al ejército colonial portugués."

Los portugueses, que habían perdido el control de la mayor parte del territorio guineano, ya no salían de sus bases y recurrían más y más a mortíferos ataques aéreos. Para tratar de minimizar las bajas, la dirección del PAIGC libraba una guerra de desgaste, junto con una campaña política que estaba ganando un amplio apoyo internacional. Cabral anticipaba que el régimen en Lisboa, ante las crecientes presiones mundiales, finalmente se vería obligado a entablar negociaciones para conceder la independencia.

"Con el apoyo de Fidel, Argüelles habló con Cabral y le planteó que era el momento oportuno para tomar la iniciativa y comenzar a asaltar y tomar cuarteles enemigos", dijo Chui. De lo contrario, se desgastaría la moral de los combatientes.

Ya para finales de ese año Cabral se convenció de la propuesta cubana, pero fue asesinado antes de que se pusiera en práctica.

"Después de la muerte de Amílcar, por orientaciones de Fidel, Argüelles regresó a Guinea-Bissau y se reunió con Aristides Pereira, Nino [João Bernardo Vieira] y otros dirigentes del PAIGC", dijo Chui. "Estuvieron de acuerdo con la propuesta cubana de lanzar una ofensiva".

Entretanto, el PAIGC finalmente había comenzado a recibir las armas antiaéreas portátiles de la Unión Soviética que Cabral había solicitado meses antes. Estos cohetes —llamados *Strela* en ruso y "Flecha" en español— les dieron protección a los guerrilleros contra los ataques aéreos portugueses.

Después de varias semanas de entrenamiento para usar las Flechas, los combatientes del PAIGC, apoyados por los instructores de artillería cubanos, comenzaron a derribar un avión enemigo tras otro. En las primeras dos semanas habían derribado 10 aeronaves; incluso murió un comandante de la fuerza aérea al estrellarse su avión. Los portugueses dejaron de mandar a sus desmoralizados pilotos a realizar misiones de baja altitud.

El PAIGC, dijo Chui, "entonces lanzó una campaña denominada la 'Operación Amílcar Cabral'. Fue dirigida conjuntamente por los comandantes Nino y Argüelles".

El éxito de esta operación, señaló Chui, levantó mucho la moral de los combatientes del PAIGC, moral que había sufrido un bajón tras el asesinato de Cabral.

Decisiva batalla de Guiledje

La Operación Amílcar Cabral incluyó ataques a cuarteles portugueses en el norte y el sur, pero la batalla más importante fue la de Guiledje en mayo de 1973. Gattorno, protagonista de estos hechos, nos relató cómo se desarrolló.

Guiledje era un gran cuartel fortificado en el sur, cerca de la frontera con Guinea-Conakry. Su papel fundamental era impedir que la guerrilla recibiera suministros a través de la frontera. Desde el puesto de mando del PAIGC, "el comandante Argüelles nos orientó a tomar el cuartel", dijo Gattorno. La fuerza rebelde contaba con centenares de guerrilleros del PAIGC y un grupo de combatientes cubanos.

El 18 de mayo, una unidad de combatientes cubanos y del PAIGC le tendió una emboscada a una patrulla de reconocimiento portuguesa que iba por la ruta de abastecimiento entre Guiledje y el cercano cuartel de Gadamael. Después, desde posiciones ocultas en la selva a varios kilómetros de distancia, otros combatientes lanzaron un masivo ataque de artillería contra la base de Guiledje. "Los aviones portugueses volaban alto y no podían detectarlos", dijo Gattorno.

Los combatientes lanzaron un ataque demoledor contra el cuartel de Guiledje con morteros y cañones. Después de varios días, la artillería desde la base portuguesa dejó de responder.

"El 25 de mayo, Argüelles me dijo que fuera con un grupo de combatientes al cuartel", dijo Gattorno. "Verificamos que los portugueses se habían retirado".

La victoria en Guiledje fue un viraje que aceleró el fin de la guerra.

"Cuando entramos al cuartel, encontramos una gran cantidad de equipos militares y abastecimientos de comida que habían dejado", dijo Gattorno. "Los únicos que quedaban allí eran algunos de los pobladores fula.

"Nuestro enemigo no es el pueblo de Portugal. Es el colonialismo portugués". —AMÍLCAR CABRAL, 1965

FMSMB/CASA COMUM-AMÍLCAR CABRAL

Guerrilleros juegan fútbol con soldados portugueses capturados durante guerra de independencia.

La mayoría de los soldados "eran hijos de campesinos humildes. Tenían las manos callosas; muchos eran analfabetos", dijo René Hernández Gattorno, voluntario cubano que acompañó a los combatientes del PAIGC. "Los imperialistas portugueses usaban a esos jóvenes como carne de cañón".

Los prisioneros de guerra —entre ellos un creciente número de desertores del ejército— eran tratados con dignidad. Muchas veces se les permitía compartir tareas como buscar leña y cargar agua. Los combatientes de liberación los entregaban a la Cruz Roja cuando se presentaba la oportunidad, no al ejército portugués.

"Para protegerse, los colonialistas habían hecho que la población civil viviera en casitas dentro del perímetro de ese gran cuartel. Había refugios subterráneos, pero a los pobladores no les dejaban usarlos; eran solo para los soldados. Muchos civiles murieron durante la batalla.

"Fuimos testigos de cómo los imperialistas portugueses usaron a guineanos —fulas que supuestamente eran sus aliados— como escudos humanos. Es importante que en el mundo se conozca ese crimen. Los imperialistas han usado a civiles como escudos humanos en muchos países".

Gattorno recordó que en 2010, él y otros veteranos cubanos de la guerra en Guinea-Bissau fueron invitados a regresar para un evento que conmemoraba la lucha de liberación. "Nuestros anfitriones nos llevaron a Guiledje. Ahora está el museo de la independencia donde antes estaba el cuartel", dijo Gattorno.

"Recuerdo a un hombre flaco que trabajaba en el museo y señaló algún dato sobre el antiguo cuartel. Le pregunté, 'Chico, ¿fuiste uno de los que entraron conmigo?'

"Me dijo, 'No, yo vivía aquí con mi familia. Todos murieron'", nos relató Gattorno con visible emoción. "Después supe que este hombre estaba muy dedicado al trabajo del museo, era muy patriota".

Gattorno agregó que, estando en el frente de batalla, también vio a algunos de los soldados portugueses capturados. "Los imperialistas también usaron a esos jóvenes como carne de cañón. Eran hijos de campesinos humildes. Tenían las manos callosas. Muchos eran analfabetos", dijo Gattorno, quien creció en un batey azucarero en la región central de Cuba.

"Cuando cogíamos a soldados portugueses, no estaban detenidos. Los dejábamos sueltos en el campamento guerrillero, buscando agua y leña. Nos decían, 'No queremos regresar al ejército. Por favor, entréguenme a la Cruz Roja'. Y es lo que hacía el PAIGC".

Oramas señaló que, en sus conversaciones con Cabral, "Él siempre insistía en que el enemigo de los pueblos de Guinea-Bissau y Cabo Verde era el régimen colonialista, no el pueblo de Portugal. Amílcar había vivido y estudiado en Portugal, y había visto la pobreza en que vivía mucha gente allí. El PAIGC hacía llamamientos a los soldados. Eso aceleró la derrota del ejército portugués".

Guinea-Bissau: detonante de la revolución portuguesa

La derrota de Lisboa en Guinea-Bissau y Cabo Verde tuvo repercusiones mundiales. "Pero muchos recuentos de la historia omiten o minimizan la importancia de esa victoria", dijo el general Chui.

"Guinea-Bissau es un país pequeño. Pero fue ahí que el ejército portugués quedó empantanado y desmoralizado por los avances de la lucha anticolonial. En 1973 y 1974, ellos sufrieron derrotas contundentes a manos de los guerrilleros del PAIGC, cuadros que se habían forjado bajo la dirección de Amílcar Cabral".

Chui señaló que el régimen fascista portugués, en el poder desde los años 30, "había quedado debilitado por el rechazo popular a su dictadura brutal y la ruina económica del país.

"El detonante del desplome del régimen fue su derrota en Guinea-Bissau".

Muchos de los oficiales jóvenes que habían sido enviados a combatir en la guerra colonial, dijo Chui, "participaron en el golpe militar que derrocó a la dictadura el 25 de abril de 1974, lo que llegó a denominarse la Revolución de los Claveles". Eso precipitó un ascenso revolucionario de millones de trabajadores, campesinos y estudiantes en Portugal.

"Esos acontecimientos, a su vez, llevaron al desplome del imperio colonial lusitano. A la independencia no solo de Guinea-Bissau y Cabo Verde, sino de Mozambique, Angola y Santo Tomé y Príncipe".

Una década y media más tarde, "la derrota del ejército invasor sudafricano en Angola llevó al fin del régimen del apartheid y a la independencia de Namibia", dijo Chui, quien dirigió unidades de combate —y resultó gravemente herido— durante la misión internacionalista cubana en Angola en los años 1986–88.

"La importancia que significa la victoria en Guinea-Bissau y Cabo Verde, y la contribución a esa victoria que hicieron los internacionalistas cubanos, no son muy conocidas", dijo Chui.

"Pero es importante, especialmente para las nuevas generaciones, que se conozca esta historia".

"Quienes no estén dispuestos a luchar por la libertad de los demás no serán jamás capaces de luchar por la propia", concluyó Dreke, citando las verdades que pronunció Fidel ante el pueblo cubano cuando se movilizaban para apoyar a sus hermanos y hermanas en Angola y Namibia.

"Y Fidel tuvo razón", dijo Dreke. "Nuestra participación en las luchas de liberación en África y en otras partes del mundo hizo más fuerte al pueblo cubano. Esas acciones reforzaron los valores de nuestra revolución socialista que hoy seguimos defendiendo".

CRONOLOGÍA

1462 – La monarquía portuguesa establece asentamiento en el archipiélago de Cabo Verde. A lo largo de cuatro siglos, las islas, pobladas por africanos traídos a la fuerza de la costa de Guinea y esclavizados, se convierten en centro portugués del comercio transatlántico de esclavos.

1687 – Se funda Bissau como factoría (puesto comercial) portuguesa.

1869 – Se prohíbe la esclavitud en los territorios portugueses.

1878 – Ante feroz resistencia de los pueblos de Guinea, Lisboa lanza guerras de "pacificación", toma control definitivo solo en 1936.

1885 – En la Conferencia de Berlín, las potencias imperialistas europeas se reparten la mayor parte de África. Reconocen oficialmente las fronteras de Guinea "portuguesa".

1933 – Se consolida régimen fascista en Portugal, encabezado por António Salazar.

Años 40 – Extremas sequías en Cabo Verde. Lisboa no hace nada para aliviar condiciones; hambrunas matan a 45 mil personas, una cuarta parte de la población.

1945–52 – Amílcar Cabral estudia en Universidad de Lisboa y se involucra en actividades políticas. Comparte experiencias con otros estudiantes africanos provenientes de Angola, Cabo Verde, Mozambique y Santo Tomé. Varios de ellos luego se convierten en dirigentes de luchas anticoloniales en sus países.

1953, 3 de febrero – Masacre de Batepá en Santo Tomé. Fuerzas coloniales matan a cientos de obreros que resisten trabajo forzado en plantaciones de cacao, provocando indignación entre africanos en colonias portuguesas.

1954 – Comienza guerra de independencia en Argelia contra dominio francés.

1956, 19 de septiembre – Cabral y otros cinco fundan clandestinamente en Bissau el Partido Africano por la Independencia de Guinea y Cabo Verde. A fines de los 50, militantes del PAIGC dirigen luchas sindicales y políticas.

julio–diciembre – Gobierno de Gamal Abdel Nasser en Egipto nacionaliza Canal de Suez de propiedad imperialista; Fuerzas británicas, francesas e israelíes invaden. Washington, protegiendo sus propios intereses en la región, ayuda a Egipto a restaurar su soberanía sobre el canal.

10 de diciembre – Se funda el Movimiento Popular para la Liberación de Angola (MPLA), dirigido por Agostinho Neto. Cabral participa en su fundación.

1957 – Ghana se independiza del dominio británico. Kwame Nkrumah elegido el primer presidente.

1958 – Ante crecientes actividades anticoloniales, París organiza referendos en colonias africanas, que votan si seguir o no como parte de Francia. Ahmed Sékou Touré dirige exitosa campaña del "No" en Guinea-Conakry, que se independiza. Sékou Touré elegido presidente.

1959, 1 de enero – Triunfo revolucionario en Cuba. El Ejército Rebelde dirigido por Fidel Castro toma las importantes ciudades de Santiago de Cuba y Santa Clara; cae la dictadura de Batista. Trabajadores responden al llamado a insurrección popular y huelga general, llevando al poder un gobierno revolucionario.

3 de agosto – Huelga de obreros portuarios y marineros en Bissau. Tropas portuguesas matan a 50 obreros en muelles de Pidjiguiti. Después, el PAIGC cambia de estrategia, se prepara

para lucha guerrillera por la independencia. Guinea-Conakry, ya independiente, acepta servir de base de retaguardia.

1960–62 – El PAIGC envía cuadros a aldeas por todo el territorio rural para ganarse la confianza de la población y organizarla. El movimiento recluta miembros de todos los grupos tribales.

1960 – Al propagarse las luchas antiimperialistas, se independizan otros 17 países africanos.

1961, 17 de enero – Patricio Lumumba, primer ministro de un Congo ya independiente, es asesinado por fuerzas congolesas apoyadas por Washington y Bruselas.

4 de febrero – El Movimiento Popular por la Liberación de Angola (MPLA), dirigido por Agostinho Neto, lanza guerra de independencia contra dominio portugués con asalto a la policía colonial en Luanda.

15 de marzo – El Frente Nacional para la Liberación de Angola, el FNLA (en esa época llamado Unión de Pueblos Africanos) de Holden Roberto, rival del MPLA basado en la tribu bakongo, lanza campaña armada contra Portugal en el norte de Angola. Masacran a mil colonos portugueses y 6 mil migrantes de la tribu ovimbundu que trabajaban en plantaciones de café. En respuesta, ejército portugués destruye decenas de aldeas y mata a 20 mil africanos. En años posteriores el FNLA recibe apoyo encubierto de Washington y del régimen sudafricano del apartheid.

17–19 de abril – En Playa Girón, milicias y fuerzas armadas revolucionarias de Cuba derrotan invasión mercenaria organizada por Washington.

diciembre – Cuba envía buque con armas para combatientes independentistas en Argelia. Regresa con huérfanos de guerra que necesitan atención médica.

1962, febrero – Washington amplía su guerra económica contra Revolución Cubana, prohibiendo casi todo el comercio con Cuba y viajes a la isla.

4 de febrero – Un millón de cubanos en la Plaza de la Revolución ratifican Segunda Declaración de La Habana, que señala la revolución socialista cubana como ejemplo para trabajadores en toda América.

5 de julio – Argelia se independiza de Francia tras guerra de ocho años.

22–28 de octubre – La administración Kennedy lleva al mundo al borde de un conflicto nuclear en la "crisis de misiles". Movilizaciones de trabajadores y agricultores cubanos se movilizan para frenar planes de Washington de invadir a Cuba.

1963, 23 de enero – El PAIGC ataca cuartel de Tite en el sur de Guinea-Bissau, inicia guerra de guerrillas contra dominio portugués.

abril–mayo – Luchadores por derechos de los negros en Birmingham, Alabama, se movilizan para resistir ataques policiales. La "Batalla de Birmingham" marca hito en movimiento dirigido por trabajadores que derroca al sistema *Jim Crow* de segregación racial en el sur de EEUU. El movimiento se ve reforzado por las crecientes luchas de liberación en África.

mayo – Grupo voluntario de médicos y enfermeras va a Argelia, la primera misión médica internacionalista de la Revolución Cubana.

octubre – Casi 700 combatientes cubanos ayudan a Argelia a frenar invasión marroquí apoyada por Washington.

1964, enero–marzo – En la isla de Como, combatientes del PAIGC y campesinos arroceros balanta, hombres y mujeres, repelen ataque de 75 días por 3 mil tropas portuguesas: la primera importante victoria militar de los rebeldes.

febrero – El PAIGC celebra en Cassacá su primer congreso. Cabral dirige batalla política que derrota a líderes del partido que actuaban como caudillos locales, abusaban a mujeres y mataban a pobladores a los que acusaban de "brujería".

abril–noviembre – Malcolm X hace dos extensos viajes por África y el Medio Oriente; conoce a revolucionarios y jefes de estado y habla ante diversos públicos.

25 de septiembre – FRELIMO (Frente de Liberación de Mozambique) inicia guerra contra coloniaje portugués.

diciembre – Ernesto Che Guevara comienza viaje de tres meses a ocho países africanos. Se reúne con dirigentes de gobiernos y movimientos de liberación, entre ellos Amílcar Cabral.

1965, abril–noviembre – Columna de 130 voluntarios cubanos, bajo el mando de Che Guevara, con Víctor Dreke de segundo jefe, apoya a partidarios de Lumumba en el Congo que combaten régimen proimperialista de Mobutu.

1966, enero – Cabral habla en Conferencia Tricontinental en La Habana. Pasa tres días recorriendo sierra del Escambray con Fidel Castro, quien promete ayuda a lucha independentista en Guinea-Bissau.

mayo–junio – Primeros instructores de artillería cubanos llegan a Guinea-Bissau.

octubre – En Congo-Brazzaville, cubanos comienzan a entrenar a combatientes del MPLA para guerra de independencia en Angola.

1967, febrero – Dreke encabeza misión militar cubana en Guinea-Bissau y Guinea-Conakry. Completa misión y regresa a Cuba a finales de 1968.

octubre – Che Guevara, herido en Bolivia, es asesinado por agentes de gobiernos de Bolivia y EEUU. Cabral anuncia campaña guerrillera en Guinea-Bissau llamada “Che no morirá”.

1968, septiembre – António Salazar, dictador fascista de Portugal, sufre derrame cerebral y lo sustituye Marcelo Caetano.

1970, 22 de noviembre – Comandos portugueses realizan incursión en Conakry, intentando derrocar gobierno de Sékou Touré y asestar golpe contra el PAIGC. Tropas leales y milicias entrenadas por cubanos derrotan intentona.

1971, diciembre – La dirección cubana envía al comandante Raúl Díaz Argüelles al primero de varios viajes a Guinea-Bissau para colaborar con líderes del PAIGC en la guerra de liberación.

1972, 3–8 de mayo – Fidel Castro hace recorrido de Guinea con el presidente Sékou Touré. Se reúne en Conakry con Amílcar Cabral y Aristides Pereira.

1973, 20 de enero – Cabral es asesinado por un grupo de miembros desafectos del PAIGC encabezado por Inocêncio Kani y organizado por la policía secreta portuguesa. El PAIGC escoge a Aristides Pereira para sustituir a Cabral como secretario general.

23 de marzo – Artilleros del PAIGC, dirigidos por instructores cubanos, comienzan a derribar aviones portugueses con misiles tierra-aire "Flecha" recién adquiridos.

17 de mayo – El PAIGC inicia "Operación Amílcar Cabral" dirigida por comandantes João Bernardo "Nino" Vieira y Raúl Díaz Argüelles.

25 de mayo – Fuerzas rebeldes toman la base fortificada de Guiledje en el sur, un viraje en la guerra. En los meses siguientes, tropas portuguesas abandonan otros cuarteles importantes.

julio – Miles de personas protestan en Londres contra visita de Caetano y condenan masacre de 400 aldeanos en Wiriyamu, Mozambique, cometida por soldados portugueses en diciembre de 1972.

24 de septiembre – En Madina do Boé, sur de Guinea-Bissau, el PAIGC organiza Asamblea Popular Nacional, donde 120 delegados, elegidos por la población en zonas liberadas, proclaman estado independiente y eligen a Luís Cabral como presidente. La nueva república es reconocida por 80 países y admitida a la Organización para la Unidad Africana.

1974, 12 de febrero – Después de sitiarlo durante semanas, el PAIGC toma cuartel de Copa; antes del ataque, fuerzas rebeldes evacúan en silencio a los pobladores de la zona y su ganado. Se intensifica lucha independentista en las ciudades y los pueblos.

25 de abril – Victorias del PAIGC en Guinea-Bissau precipitan crisis del régimen portugués. Golpe militar en Lisboa derroca a dictadura de Caetano, desencadena ascenso revolucionario de masas conocido como la Revolución de los Claveles.

10 de septiembre – Lisboa reconoce independencia de Guinea-Bissau.

12 de septiembre – Derrocada la monarquía de Haile Selassie en Etiopía. Nuevo gobierno efectúa reforma agraria y otras medidas antifeudales, apoyado por movilizaciones de campesinos y trabajadores.

1975, 30 de abril – Fuerzas de EEUU abandonan Saigón (Ciudad Ho Chi Minh). Triunfan combatientes vietnamitas tras décadas de lucha por la liberación y reunificación nacional.

25 de junio – Mozambique se independiza de Portugal. Samora Machel de FRELIMO, que encabezó la lucha, elegido presidente.

5 de julio – En Cabo Verde, meses de crecientes protestas, incluido un paro general, culminan con la independencia del país. Sale electo Aristides Pereira como primer presidente.

12 de julio – Santo Tomé se independiza de Portugal.

14 de octubre – Al acercarse independencia de Angola, tropas sudafricanas la invaden desde el sur; tropas de Zaire (Congo) y otras fuerzas apoyadas por Washington invaden desde el norte, intentando impedir que el MPLA forme un gobierno.

5 de noviembre – En respuesta a petición angolana, gobierno cubano envía a combatientes voluntarios para ayudar a repeler a los invasores.

11 de noviembre – Angola proclama independencia. Agostinho Neto del MPLA es el primer presidente.

1976, 27 de marzo – Combatientes angolanos y cubanos expulsan de Angola a últimas tropas invasoras sudafricanas. A lo largo de 16 años, 425 mil voluntarios cubanos cumplen misión en Angola para repeler otras dos invasiones sudafricanas.

1986 – Misión médica cubana funda Facultad de Medicina "Raúl Díaz Argüelles" en Guinea-Bissau.

1988, marzo – Combatientes cubanos y angolanos derrotan ataque sudafricano en Cuito Cuanavale y logran retirada definitiva de tropas sudafricanas de Angola.

1990, 11 de febrero – Ante crecientes luchas en Sudáfrica, Nelson Mandela, líder del Congreso Nacional Africano, liberado tras 27 años de prisión.

21 de marzo – Namibia proclama su independencia.

1994, 27 de abril – Mandela elegido presidente de Sudáfrica en primeras elecciones post-apartheid.

2014–15 – Voluntarios médicos cubanos contribuyen a poner fin a mortífera epidemia de ébola en Liberia, Sierra Leona y Guinea-Conakry.

ÍNDICE

LA REVOLUCIÓN SOCIALISTA CUBANA

¡Nuevo!

La revolución y el camino a la paz en Colombia

El ejemplo de la Revolución Cubana

FIDEL CASTRO

"Ningún crimen puede ser cometido en nombre de la revolución", afirma Fidel Castro, describiendo el ejemplo que el pueblo trabajador de Cuba dio al tomar el poder estatal de manos de los gobernantes capitalistas. En 2008, al ayudar a poner fin a seis décadas de conflicto armado en Colombia, él compartió esta experiencia con las Fuerzas Armadas Revolucionarias de Colombia (FARC) y con el mundo. US$10. También en inglés y francés.

Las mujeres en Cuba: Haciendo una revolución dentro de la revolución

VILMA ESPÍN, ASELA DE LOS SANTOS
YOLANDA FERRER

La integración de las mujeres a las filas y a la dirección de la Revolución Cubana fue inseparable de la trayectoria proletaria dirigida por Fidel Castro desde el principio. Esta es la historia de esa revolución y cómo transformó a las mujeres y hombres que la hicieron. US$17. También en inglés, persa y griego.

La Primera y Segunda Declaración de La Habana

No hay presentación más clara de los problemas de estrategia revolucionaria que estos documentos de 1960 y 1962, aprobados en sendas asambleas de más de un millón de cubanos. Estas intransigentes condenas del saqueo imperialista y "la explotación del hombre por el hombre" siguen vigentes como manifiestos de lucha revolucionaria del pueblo trabajador en todo el mundo. US$10. También en inglés, francés, persa, árabe y griego.

La solidaridad internacionalista

DE LA SIERRA DEL ESCAMBRAY AL CONGO

En la vorágine de la Revolución Cubana

VÍCTOR DREKE

Un protagonista del movimiento revolucionario cubano durante más de medio siglo describe sus experiencias como segundo jefe de la misión internacionalista de 1965 en el Congo liderada por Che Guevara. Y como jefe de una misión militar en Guinea-Bissau durante la guerra de independencia contra el coloniaje portugués. US$15. También en inglés.

EL DIARIO DEL CHE EN BOLIVIA

La crónica que Guevara escribió sobre la guerrilla en Bolivia de 1966–67, una lucha para forjar un movimiento revolucionario continental de trabajadores y campesinos y extender la revolución socialista en Sudamérica. Edición cubana de la Editora Política. US$20. También en inglés.

EL CAPITALISMO Y LA TRANSFORMACIÓN DE ÁFRICA

Reportajes desde Guinea Ecuatorial

MARY-ALICE WATERS, MARTÍN KOPPEL

Describe cómo, al integrarse Guinea Ecuatorial al mercado mundial, surgen una clase capitalista y también una clase trabajadora. Además documenta el trabajo de los voluntarios médicos cubanos en ese país: una expresión del ejemplo vivo de la revolución socialista cubana. US$10. También en inglés y persa.

de Cuba

CUBA Y ANGOLA: LA GUERRA POR LA LIBERTAD

HARRY VILLEGAS ("POMBO")

La historia del aporte inédito de Cuba a la lucha por liberar África del azote del apartheid. Y de cómo se fortaleció así la revolución socialista cubana. US$10. También en inglés, persa y griego.

¡QUÉ LEJOS HEMOS LLEGADO LOS ESCLAVOS!

Sudáfrica y Cuba en el mundo de hoy

NELSON MANDELA, FIDEL CASTRO

Mandela y Castro, hablando juntos en Cuba en 1991, abordan el papel decisivo de Cuba en la historia africana y la victoria en Angola contra el ejército invasor sudafricano, y cómo impulsó la lucha que derrocó el sistema racista del apartheid. US$7. También en inglés y persa.

ZONA ROJA

Cuba y la batalla contra el ébola en África Occidental

ENRIQUE UBIETA GÓMEZ

En 2014, África Occidental sufrió la mayor epidemia de ébola hasta la fecha. En respuesta a una petición global de ayuda, el gobierno socialista revolucionario de Cuba ofreció lo que ningún otro país siquiera intentó: médicos y enfermeros voluntarios. "Las heroicas acciones del ejército de batas blancas de Cuba ocupan un lugar de honor en la historia", declaró el líder cubano Fidel Castro. US$17. También en inglés y francés.

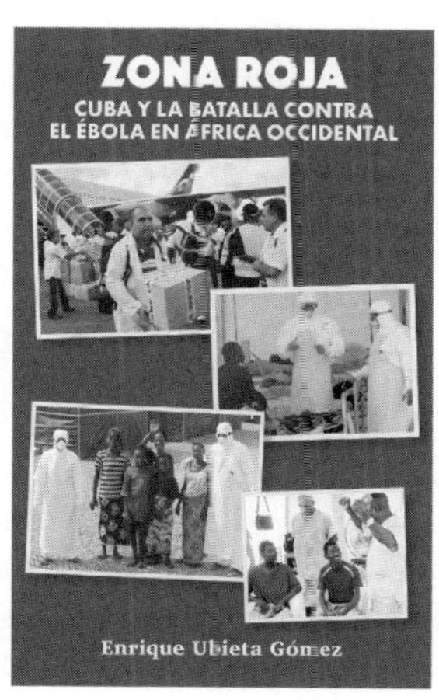

LA CRISIS CAPITALISTA Y LA LUCHA POR EL PODER OBRERO

¿Son ricos porque son inteligentes?

Clase, privilegio y aprendizaje en el capitalismo

JACK BARNES

Expone las crecientes desigualdades de clase en EEUU y las justificaciones de las capas profesionales bien remuneradas que creen que su "brillantez" las califica para "regular" a los trabajadores, quienes supuestamente no sabemos lo que nos conviene. US$10. También en inglés, francés, persa, árabe y griego.

Ya superamos el punto más bajo de la resistencia del pueblo trabajador

El Partido Socialista de los Trabajadores mira hacia adelante

JACK BARNES, MARY-ALICE WATERS, STEVE CLARK

El orden global impuesto por Washington tras su victoria en la Segunda Guerra Mundial se está desmoronando. Se acabó el largo repliegue de la clase obrera y los sindicatos. Los patrones y su gobierno aumentan sus ataques a nuestros salarios, condiciones y derechos constitucionales. Están creciendo oportunidades para forjar un partido obrero capaz de dirigir una lucha que ponga fin al dominio capitalista. US$10. También en inglés, francés y griego.

Cuba y la revolución norteamericana que viene

JACK BARNES

Sobre el ejemplo ofrecido por el pueblo cubano: que una revolución socialista no solo es necesaria sino también es posible. Sobre las luchas del pueblo trabajador en Estados Unidos, donde hoy los gobernantes descartan las capacidades revolucionarias de los trabajadores tan erradamente como descartaron las del pueblo cubano. US$10. También en inglés, francés y persa.

Malcolm X, la liberación de los negros y el camino al poder obrero

JACK BARNES

"El poder estatal conquistado por una vanguardia consciente de la clase trabajadora es el arma más poderosa posible en la lucha contra la opresión de los negros, la subyugación de la mujer, el odio a los judíos y toda forma de degradación humana heredada de la sociedad de clases". US$20. También en inglés, francés, persa, árabe y griego.

The Transitional Program for Socialist Revolution

(El programa de transición para la revolución socialista)

LEÓN TROTSKY

El programa del Partido Socialista de los Trabajadores, redactado por el dirigente bolchevique León Trotsky en 1938 sigue guiando al PST y a comunistas por todo el mundo. El partido "combate intransigentemente a todas las agrupaciones políticas que están atadas a las faldas de la burguesía. Su tarea: la abolición del dominio capitalista. Su objetivo: el socialismo. Su método: la revolución proletaria". En inglés y persa. US$17

La lucha contra el odio antijudío y los pogromos en la época imperialista

Lo que está en juego
para la clase trabajadora internacional

V.I. LENIN, LEÓN TROTSKY, FARRELL DOBBS
JAMES P. CANNON, JACK BARNES, DAVE PRINCE

El odio antijudío y los pogromos —como el que realizó Hamás el 7 de octubre de 2023— ya son parte de las permanentes convulsiones y guerras de la época imperialista. Los autores explican la necesidad de que la clase trabajadora y las naciones oprimidas del mundo combatan el odio antijudío. *Y qué hacer para ponerle fin.* US$10. También en inglés, francés y griego.

FORJANDO UN PARTIDO REVOLUCIONARIO DE TRABAJADORES

En defensa del marxismo

Contra la oposición pequeñoburguesa en el Partido Socialista de los Trabajadores

LEÓN TROTSKY

Una repuesta a aquellos en el movimiento obrero revolucionario a fines de los años 30 que claudicaron ante el patriotismo burgués cuando Washington se aprestaba a ingresar a la Segunda Guerra Mundial. Trotsky explica que solo un partido que luche por integrar a trabajadores a sus filas y dirección puede mantener un rumbo comunista. Trotsky defiende las bases materialistas y dialécticas del marxismo. US$17. También en inglés, francés y persa.

La lucha por un partido proletario

JAMES P. CANNON

"Los trabajadores de Estados Unidos tienen fuerza suficiente para tumbar la estructura del capitalismo aquí en este país y levantar al mundo entero cuando ellos se levanten". US$8. También en inglés y persa.

Los tribunos del pueblo y los sindicatos

CARLOS MARX, V.I. LENIN, LEÓN TROTSKY
FARRELL DOBBS, JACK BARNES

Un tribuno del pueblo utiliza toda manifestación de opresión capitalista para explicar por qué los trabajadores, en batallas de clases, romperán con los partidos patronales, organizarán una lucha revolucionaria por el poder estatal y sentarán las bases para un mundo socialista de solidaridad humana. US$12. También en inglés, francés, persa y griego.

La última lucha de Lenin

Discursos y escritos, 1922–23

V.I. LENIN

En 1922 y 1923, V.I. Lenin, dirigente central de la primera revolución socialista, libró su última batalla política, que fue derrotada tras su muerte. Era una lucha para decidir si esa revolución y el movimiento comunista internacional mantendrían el curso proletario que había llevado al poder a los trabajadores y campesinos en Rusia en 1917. US$17. También en inglés, persa y griego.

La historia del trotskismo americano, 1928–38

Informe de un partícipe

JAMES P. CANNON

"El trotskismo no es un nuevo movimiento, una nueva doctrina, sino la restauración, el renacimiento del marxismo genuino tal como se expuso y se practicó en la Revolución Rusa y en los primeros días de la Internacional Comunista", dice Cannon, dirigente fundador del movimiento comunista en EEUU. US$17. También en inglés y francés.

El socialismo en el banquillo de los acusados

Testimonio en el juicio por sedición en Minneapolis

JAMES P. CANNON

El programa revolucionario de la clase trabajadora, presentado en una corte federal en respuesta a cargos fabricados de "conspiración sediciosa", en vísperas del ingreso de Washington a la Segunda Guerra Mundial. Los acusados eran dirigentes del movimiento obrero en Minneapolis y del Partido Socialista de los Trabajadores. US$15. También en inglés, francés y persa.

PATHFINDERPRESS.COM

LIDERAZGO MARXISTA EN ESTADOS UNIDOS

Las luchas del sindicato Teamsters

FARRELL DOBBS

Cuatro libros sobre las huelgas y campañas políticas y de sindicalización que transformaron a los Teamsters en un combativo movimiento sindical industrial en los años 30. Escritos por el organizador general de estas batallas y dirigente del Partido Socialista de los Trabajadores. Una herramienta para trabajadores que quieren utilizar el poder sindical e impulsar la lucha por un partido obrero. US$16 cada tomo, US$50 por los cuatro. También en inglés. *Rebelión Teamster* está disponible además en francés, persa y griego.

El viraje a la industria

Forjando un partido proletario

JACK BARNES

Un libro sobre el programa, la composición y la conducta proletaria del único tipo de partido digno de llamarse revolucionario en la época imperialista. Un partido que reconozca el hecho más revolucionario de esta época: la capacidad del pueblo trabajador de cambiar la sociedad cuando nos organizamos y actuamos contra la clase capitalista. Trata sobre la construcción de ese partido en Estados Unidos y otros países capitalistas. US$15. También en inglés, francés, persa y griego.

¿Es posible una revolución socialista en Estados Unidos?

Un debate necesario entre el pueblo trabajador

MARY-ALICE WATERS

Un rotundo "sí" es la respuesta que se presenta aquí. Posible, pero no inevitable. Eso depende de lo que haga el pueblo trabajador. US$7. También en inglés, francés y persa.

Revolutionary Continuity

Marxist Leadership in the U.S.

(Continuidad revolucionaria: Liderazgo marxista en EEUU)

Los primeros años, 1848–1917
Nacimiento del movimiento comunista, 1918–1922

FARRELL DOBBS

"Generaciones sucesivas de revolucionarios proletarios han participado en los movimientos de la clase trabajadora y sus aliados. . . . Los marxistas de hoy no solo debemos rendirles homenaje por sus acciones. Tenemos el deber de aprender de lo que hicieron mal y lo que hicieron bien para no repetir sus errores". —*Farrell Dobbs*
Dos tomos en inglés, US$17 cada uno.

Malcolm X habla a la juventud

"La joven generación de blancos, negros, morenos y demás: ustedes viven en tiempos de revolución", dijo Malcolm X en diciembre de 1964. "Yo me sumaré a quien sea, no me importa de qué color seas, siempre que quieras cambiar la situación miserable que existe en este mundo". Cuatro charlas y una entrevista que Malcolm dio en los últimos meses de su vida. US$12. También en inglés, francés, persa y griego.

America's Revolutionary Heritage

Marxist Essays

(La herencia revolucionaria de Estados Unidos: Ensayos marxistas)

GEORGE NOVACK

Una explicación materialista de la Revolución Norteamericana, la Guerra Civil y la Reconstrucción Radical, el genocidio contra los indígenas, el ascenso del imperialismo norteamericano, la primera ola de luchas por los derechos de la mujer y mucho más. En inglés. US$23

EL ORIGEN DE LA OPRESIÓN DE LA MUJER Y LA LUCHA PARA ERRADICARLA

¡Nueva edición ampliada!

Los cosméticos, la moda y la explotación de la mujer

MARY-ALICE WATERS
JOSEPH HANSEN, EVELYN REED

De cómo los monopolios de cosméticos y moda sacan ganancias aprovechando las inseguridades sociales de las mujeres y los adolescentes. Y por qué la integración de las mujeres a la fuerza laboral y a los sindicatos es un avance importante en la lucha por su emancipación. Un clásico del marxismo sobre el origen de la opresión de la mujer y el camino a seguir para la clase trabajadora. US$15. También en inglés, francés, persa y griego.

La emancipación de la mujer y la lucha africana por la libertad

THOMAS SANKARA

"No existe una verdadera revolución social sin la liberación de la mujer", explica Sankara, dirigente central de la revolución de 1983–87 en Burkina Faso, en África Occidental. US$5. También en inglés, francés y persa.

El capital

CARLOS MARX

Marx explica cómo funciona el sistema capitalista y cómo produce las contradicciones irresolubles que engendran la lucha de clases. Demuestra la inevitabilidad de la lucha revolucionaria para crear una sociedad gobernada por primera vez por la mayoría productora: la clase trabajadora. Tres tomos: tomo 1, US$30 / tomo 2, US$16 / tomo 3, US$20. También en inglés. Tomo 1 está disponible además en francés.

LA VISIÓN LARGA DE LA HISTÓRIA

El Manifiesto Comunista

CARLOS MARX
Y FEDERICO ENGELS

El comunismo, según explican los dirigentes fundadores del movimiento obrero revolucionario, no es un conjunto de ideas o "principios" preconcebidos, sino el camino de la clase obrera hacia el poder. Surge de un "movimiento que se desarrolla ante nuestros ojos". US$5. También en inglés, francés, persa y árabe.

El trabajo, la naturaleza y la evolución de la humanidad

La visión larga de la historia

FEDERICO ENGELS, CARLOS MARX
GEORGE NOVACK, MARY-ALICE WATERS

Sin comprender cómo el trabajo social transforma la naturaleza, cómo ha sido la fuerza motriz de la evolución de la humanidad a lo largo de milenios, no podremos ver más allá de la explotación de clase de la época capitalista que deforma cada aspecto de las relaciones, las ideas y los valores humanos. US$12. También en inglés y francés.

El origen de la familia, la propiedad privada y el estado

FEDERICO ENGELS

De cómo el surgimiento de la sociedad dividida en clases dio origen a los cuerpos represivos del estado y a la opresión de la mujer que le permiten a las clases gobernantes traspasar su riqueza y privilegios. Engels explica las consecuencias para los trabajadores de estas instituciones de clase, desde sus formas antiguas hasta las modernas. US$15. También en inglés y persa.

AMPLÍE SU BIBLIOTECA REVOLUCIONARIA

Che Guevara sobre economía y política en la transición al socialismo

CARLOS TABLADA

Es esencial que el pueblo trabajador tome el poder estatal, dijo Ernesto Che Guevara. "Después viene la segunda etapa, quizás más difícil que la anterior", la transición hacia el socialismo desde el capitalismo y sus valores despiadados. Nueva edición con selecciones ampliadas de los escritos de Guevara. US$17. También en inglés.

Nuestra política empieza con el mundo

JACK BARNES

Las enormes desigualdades entre los países imperialistas y semicoloniales, y entre las clases dentro de cada uno, son perpetuadas por el propio capitalismo. Para forjar partidos capaces de dirigir una lucha revolucionaria por el poder en nuestros propios países, los trabajadores de vanguardia debemos guiarnos por una estrategia para cerrar esta brecha. En *Nueva Internacional* no. 7. US$14. También en inglés, francés, persa y griego.

La revolución traicionada

¿Qué es y adónde va la Unión Soviética?

LEÓN TROTSKY

En 1917 los trabajadores y campesinos de Rusia hicieron una de las revoluciones más profundas de la historia. Sin embargo, al cabo de 10 años, una capa social privilegiada, cuyo principal vocero era José Stalin, ya consolidaba una contrarrevolución política. Un estudio clásico del estado obrero soviético y su degeneración. US$17. También en inglés, persa y griego.

Somos herederos de las revoluciones del mundo

Discursos de la revolución de Burkina Faso, 1983–87

THOMAS SANKARA

Los campesinos y trabajadores en este país de África Occidental crearon un gobierno popular revolucionario y comenzaron a combatir el hambre, el analfabetismo y el atraso económico impuestos por la dominación imperialista, así como la opresión de la mujer heredada de la sociedad de clases desde hace milenios. Cinco discursos del dirigente de esta revolución. US$10 También en inglés, francés y persa.

El imperialismo, fase superior del capitalismo

V.I. LENIN

"Espero que mi folleto ayude al lector a orientarse en el problema económico fundamental: la esencia económica del imperialismo", escribió Lenin en 1917. Sin estudiar eso "es imposible comprender y emitir un juicio sobre la guerra y la política moderna". US$5. También en inglés, persa y griego.

Libros de Pathfinder **en formato e-book** para personas no videntes, de baja visión o con otros retos para leer libros impresos.

Para obtener una lista de estos libros visite: pathfinderpress.com/collection/books-for-the-blind.

Para inscribirse, visite bookshare.org.

PATHFINDER POR EL MUNDO

ESTADOS UNIDOS
(y América Latina, el Caribe y el este de Asia)

Pathfinder Books, 306 W. 37th St., 13th Floor
New York, NY 10018

CANADÁ

Pathfinder Books, 7107 St. Denis, Suite 204
Montreal, QC H2S 2S5

REINO UNIDO
(y Europa, África, el Medio Oriente y el sur de Asia)

Pathfinder Books, 5 Norman Rd.
Seven Sisters, London N15 4ND

AUSTRALIA
(y Nueva Zelanda, el sureste de Asia y Oceanía)

Pathfinder Books, Suite 2, First floor, 275 George St.
Liverpool, Sydney, NSW 2170
Dirección Postal: P.O. Box 73, Campsie, NSW 2194

¡AMPLÍE SU BIBLIOTECA!
ÚNASE AL CLUB DE LECTORES DE PATHFINDER

$10 POR AÑO
25% DESCUENTO PARA TODOS LOS TÍTULOS
30% DESCUENTO PARA LOS LIBROS DEL MES
Válido en pathfinderpress.com y los centros locales de libros Pathfinder

Visite: pathfinderpress.com/products/pathfinder-readers-club